# THEATERBIBLIOTHEK

Zwölf Geschworene, drei Frauen und neun Männer unterschiedlichster gesellschaftlicher Herkunft, haben über eine brutale Beziehungstat zu entscheiden. Aus Eifersucht soll ein Mann seine Frau von einer Klippe gestoßen haben. Indizien und Augenzeugen belasten ihn schwer. Im Gerichtssaal rechnet man daher mit einem raschen einstimmigen Todesurteil. Doch auf dem Höhepunkt der Verhandlung erleidet einer der Geschworenen einen Schwächeanfall. Er wird später eine ganz eigene Version des Falles erzählen und die anderen von der Unschuld des Angeklagten zu überzeugen versuchen.

*Ende einer Verhandlung* ist ein Fund aus dem Nachlass von Anna Gmeyner, geschrieben unter ihrem Pseudonym während der Nazizeit (›Anna Reiner‹) und in der Sprache ihres englischen Exils. Und es ist eine kleine Sensation: ein Gerichtsdrama, das sich wie eine Vorwegnahme des Kinoklassikers *Die zwölf Geschworenen* liest. Mit großer Beobachtungsgabe und Menschenliebe entwirft die Autorin darin ein Gesellschaftsporträt en miniature. Sie erzählt von Geschlechterrollen und Gewalt gegen Frauen, von der Suche nach Wahrheit und Gerechtigkeit. Amanda Lasker-Berlin hat den Text ins Deutsche übertragen.

Anna Gmeyner

# Ende einer Verhandlung

Theaterstück in drei Akten

Deutsch von Amanda Lasker-Berlin

DER **VERLAG DER** AUTOREN
GEHÖRT DEN **AUTORINNEN**
UND **AUTOREN** DES VERLAGS

Dieses Buch erscheint in einem unabhängigen Verlag.

Übersetzung nach dem Typoskript *End of a Trial*, aus dem Nachlass der Autorin im Deutschen Exilarchiv der Deutschen Nationalbibliothek, Frankfurt am Main.

*Bibliografische Information der Deutschen Nationalbibliothek*
Die Deutsche Nationalbibliothek verzeichnet diese Publikation in der Deutschen Nationalbibliografie; detaillierte bibliografische Daten sind im Internet unter http://dnb.de abrufbar.

1. Auflage 2024

© Verlag der Autoren, Frankfurt am Main 2024

Verlag der Autoren GmbH & Co. KG
Taunusstraße 19, 60329 Frankfurt am Main
Telefon: 069 23 85 74-20
E-Mail: theater@verlagderautoren.de
www.verlagderautoren.de

Satz: Maintypo, Reutlingen
Umschlag: Bayerl + Ost, Frankfurt am Main
Druck: betz-druck GmbH, Darmstadt

Printed in Germany
ISBN 978-3-88661-429-5

# Ende einer Verhandlung

PERSONEN (in der Reihenfolge ihres Auftritts):

GERICHTSDIENER

Mitglieder der Geschworenenjury:
MR SMITH
ALLISTER SCOTT
MISS KATHERINE MEAD
EDWARD WILLIAM SANDERS
MRS DOROTHY THORNTON
ADAM DUNN
JAMES BRADLEY
CHARLES ARTHUR JOHNSON
MISS MAGDALENE CADELL
FOSTER
HERACLES COOK
MR KINGSLEY

Stimmen von: Richter, Verteidiger, Zeuge, Menschen-menge

# 1. Akt

*Die Szene spielt im Geschworenenzimmer eines Land-
gerichts. Der Raum ist wie ein umgedrehtes L geschnitten,
außer dass sich in der äußersten rechten Ecke eine Schräge
mit einem Fenster befindet. Es gibt ein weiteres Fenster an
der Rückwand des Raumes, also an der horizontalen Achse
des Ls.*

*Eine Tür links führt zum Gerichtssaal, in ihrer Nähe stehen
ein kleiner Tisch mit Stuhl. Es gibt noch eine weitere Tür
rechts hinten, die zu einem Flur und einer Garderobe mit
Waschgelegenheit führt. Beide Fenster sind geschlossen und
wirken, als würden sie nur selten geöffnet. Das rechte Fenster ist aus altmodischem, dickem, elegantem, blickdichtem
Glas. Gegen Ende des Bühnenraums zu steht ein langer
runder Tisch mit zwölf Stühlen für die Geschworenen. Die
gesamte Einrichtung ist im Wesentlichen zweckmäßig gehalten: Das einzig Gemütliche darin ist ein etwas wackeli-
ger Polstersessel am hinteren Ende der Bühne. Vorne rechts
(auf der Bühne) ist ein stillgelegter Kamin, über dem ein
trüber, goldgerahmter Spiegel hängt.*

*In der Mitte der hinteren Wand hängt in einem Zier-
rahmen das große Porträt eines ernst dreinblickenden
Mannes in roter Richterrobe und mit Perücke. Er schaut
geringschätzig aus dem Bild heraus.*

*Draußen scheint die Sonne hell, doch ihre Versuche, durch
die blinden Fenster in den düsteren Raum zu dringen,
scheitern, nur tanzende Staubkörnchen werden durch die
Strahlen sichtbar.*

*Als sich der Vorhang hebt, sitzt der Gerichtsdiener auf dem
Stuhl links neben dem kleinen Tisch. Er ist ein mürrischer,
verhärmter Mann. Träge überfliegt er eine Zeitung, offenbar
unberührt durch die dramatischen Vorgänge im Gerichts-*

*saal. Die Tür, die dorthin führt, ist geöffnet, die gedämpften Stimmen aus dem vollbesetzten Gerichtssaal sind zu hören, allen voran die leidenschaftliche Stimme eines Zeugen.*

STIMME DES ZEUGEN Ich weiß, wovon ich rede. Taylor hat seine Frau die Klippe hinuntergestoßen. Er hat sie ermordet.

STIMME DES VERTEIDIGERS *schrill und aufgeregt* Euer Ehren, ich muss vehement gegen diese monströsen Behauptungen des Zeugen protestieren.

STIMME DES ZEUGEN Doch. Er hat sie die Klippe heruntergestoßen. Er ist ein Mörder.

STIMME DES VERTEIDIGERS Euer Ehren, das kann ich so nicht stehen lassen.

STIMME DES RICHTERS Ich fordere den Zeugen auf, sich nur auf das zu berufen, was er mit eigenen Augen und Ohren gesehen oder gehört hat. Fahren Sie fort, Mr Walker.

STIMME DES ZEUGEN Dann drehte Taylor sich um und kam über den Hang auf mich zu. Ich stand da wie gelähmt. Ich brauchte einen Augenblick, bis ich verstand, was er getan hatte. In seinem Gesicht stand eine Art Grinsen – dann sagte er in einem grausam höflichen Ton: »Ladies first.«

STIMME DES RICHTERS Sind Sie sicher, dass das der genaue Wortlaut war, Mr Walker? Das ist von größter Bedeutung.

STIMME DES ZEUGEN Ja, bin ich. Diese Worte werde ich mein Lebtag nicht vergessen. Er sagte: »Ladies first.«

STIMME DES VERTEIDIGERS Meine Damen und Herren Geschworenen, ich frage Sie, sind das die Worte eines Mannes, der im Vollbesitz seiner geistigen Kräfte ist?

STIMME DES ZEUGEN Mich interessieren solche Detailfragen nicht – Taylor ist ein Scheusal. Er hat sein Verbrechen genossen. Er hat mich angeschaut … und, was das Schrecklichste war … er hat gelacht.

STIMME DES VERTEIDIGERS *unterbricht* Erwarten Sie ernsthaft, dass das Gericht solch einer melodramatischen Darstellung Glauben schenkt?

STIMME DES ZEUGEN *fährt fort, ohne sich durch die Unterbrechung beirren zu lassen* Ja, er hat gelacht. Erst in diesem schrecklichen Moment wurde mir klar, was passiert war, und das Einzige, woran ich noch denken konnte, war, Hilfe für Blanche zu holen … also für Mrs Taylor, so schnell wie möglich. Ich rannte den Hang hinab, aber es war zu spät.

*In diesem Moment ist ein lautes, unheimliches Lachen zu hören.*

STIMME DES RICHTERS Ich rate dem Angeklagten, diese unangebrachte Zurschaustellung von Heiterkeit tunlichst zu unterlassen.

*Doch für eine kurze Weile hält das grässliche Lachen an. Es hat eine sehr starke und lähmende Wirkung.*

STIMME DES VERTEIDIGERS Meine Damen und Herren Geschworenen. Ich möchte eindringlich darauf hinweisen, dass dies nicht die Reaktion eines zurechnungsfähigen Mannes ist, der während dreier Verhandlungstage zudem noch kein einziges Wort gesprochen hat.

STIMME Entschuldigen Sie bitte, Euer Ehren, ein Mitglied der Jury ist ohnmächtig geworden.

STIMME DES RICHTERS Ohnmächtig? *Unruhe, Geräusch-Wirrwarr und erregte, undeutliche Stimmen.* Wenn das so ist, unterbreche ich die Verhandlung.

*Der Gerichtsdiener, der sich die Zeit damit vertrieben hat, seine Zeitung zu lesen, und nur sehr widerwillig mitgehört hat, steht jetzt auf und verlässt den Raum durch die linke Tür. Die Bühne ist leer. Durch den Flur, der Gerichtssaal und Geschworenenzimmer verbindet, kommt Smith herein, gestützt von dem Gerichtsdiener und Allister Scott, einem der Geschworenen.*

SCOTT Lassen Sie uns ihn hier absetzen.

*Sie setzen ihn auf den Sessel in der Ecke. Smith zeigt keine Regung und scheint nicht mitzubekommen, was um ihn herum passiert.*

SCOTT *zu dem Gerichtsdiener* Könnten Sie mir bitte etwas Wasser bringen?

GERICHTSDIENER Natürlich, Sir. *Geht rechts zur Garderobe.*

MRS THORNTON Kein Wunder, dass Mr Smith ohnmächtig geworden ist. Es war zu schrecklich, um es in Worte zu fassen. Als Taylor so furchtbar zu lachen anfing, ist es mir kalt den Rücken runtergelaufen. Und Mr Smith hat noch dazu ein schwaches Herz. Das hätte seinen Tod bedeuten können. In den drei Tagen, die wir schon hier sind, war das doch wirklich das Schlimmste.

SANDERS Ich glaube, es ist eher eine Art Nervenkrise als etwas Körperliches. Es war zu viel für ihn. Bedenken Sie, dass er gar nicht Teil dieser Jury sein wollte. Wahrscheinlich hat er gespürt, dass er hierfür nicht stark genug ist.

DUNN Dieses Lachen hätte jeden verstört.

*In der Zwischenzeit hat der Gerichtsdiener einen Krug Wasser gebracht. Scott hat Smiths Kragen gelockert, massiert dessen Gesicht und Handgelenke.*

GERICHTSDIENER Soll ich den Gerichtsarzt informieren, Herr Vorsitzender?

SANDERS Was denken Sie, Mr Scott?

SCOTT Ach, es ist nicht nötig, den alten Herrn aufzuscheuchen. Es ist doch nichts Ernstes.

GERICHTSDIENER Wie Sie meinen. *Verlässt den Raum rechts zur Garderobe.*

SCOTT Könnte bitte jemand das Fenster öffnen?

*In diesem Moment betritt Bradley den Raum. Auf Scotts Bitte hin geht Dunn zum rechten Fenster, versucht es zu öffnen, zieht, so fest er kann, aber ohne Erfolg. In der Zwischenzeit ist Bradley zum linken Fenster gegangen, das er mit einiger Mühe öffnet. Mit einem entschuldigenden Lächeln gibt Dunn auf. Johnson tritt ein. Wieder und wieder tupft er sich mit einem Taschentuch die Stirn, wirft einen Blick auf die Gruppe um Smith und setzt sich schwerfällig rechts an den Tisch. Die nächsten Jury-Mitglieder, die den Raum betreten, sind Miss Cadell und Foster.*

MISS MEAD *nimmt eine kleine Flasche Eau de Cologne aus ihrer Handtasche, träufelt etwas davon auf ein Taschentuch* Denken Sie, es würde helfen, wenn ich seine Schläfen einreibe?

SCOTT Sicher, schaden kann es nicht.

*Miss Mead tut es schüchtern.*

JOHNSON Könnte ich denn auch einen Schluck Wasser haben?

SCOTT *schaut auf den kleinen Krug* Ich fürchte, wir sind nicht besonders gut ausgestattet.

FOSTER Am besten warten Sie, bis auch Sie in Ohnmacht fallen.

*Scott reicht Johnson den Krug.*

JOHNSON Danke.

*Das kann an beide gerichtet sein. In der Zwischenzeit ist Miss Cadell zu Bradley ans Fenster gekommen. Sie nimmt ihren kleinen Hut ab, den sie im Gericht getragen hat, sodass ihr wundervolles Haar im Licht flammendrot erstrahlt. Ein Anblick, der auch Bradley nicht entgeht. Sie beginnt sich zu schminken, was ihm offensichtlich unangenehm ist, er schaut zum Fenster hinaus.*

MISS CADELL Wonach schauen Sie?

BRADLEY Sehen Sie dieses Fenster da drüben? Dahinter ist der Angeklagte.

MISS CADELL *beiläufig* Wirklich? Was sind das für seltsame Geräusche?

BRADLEY *lehnt sich hinaus* Da ist eine riesige Menschenmenge draußen auf der Straße, die auf den Urteilsspruch wartet. Wenn Sie sich hinauslehnen, können Sie sie sehen.

*Miss Cadell lehnt sich neben ihm hinaus.*

BRADLEY Seien Sie vorsichtig, es ist nicht gut gesichert. Es wäre doch schrecklich, wenn Sie …

*Beim Hinausschauen hat Miss Cadell ihr Taschentuch fallen lassen, ohne es zu bemerken. In der Zwischenzeit ver-*

*sucht Scott weiter, Smith wieder zu Bewusstsein zu bringen, während die anderen ihm dabei zusehen. Der Dialog findet mehr oder weniger zeitgleich mit dem Obenstehenden statt.*

MRS THORNTON Wenn Sie mich fragen, würde ich seine Füße so hoch wie möglich lagern und den Kopf flach auf den Boden.

SCOTT Ich fürchte, das geht übers Menschenmögliche auf so einem antiken Möbelstück.

SANDERS Zu dumm, dass wir hier keinen Brandy bekommen.

FOSTER *der etwas abseits steht und zusieht* Warum man unbedingt jemanden wiederbeleben muss, der das Glück hatte, in einem furchtbaren Moment in Ohnmacht zu fallen, übersteigt mein Vorstellungsvermögen.

*Geht zum Kamin rechts und sieht der Gruppe spöttisch zu. Cook ist eingetreten. Er setzt sich links an den Tisch, Johnson gegenüber.*

JOHNSON *tupft immer noch seine Stirn ab, wendet sich an Cook* Ich denke, es liegt eher an der Hitze als an irgendetwas sonst. Ich verstehe nicht, wie Sie einen solchen Kragen tragen können.

COOK *in seinem typischen, erhabenen Ton* Ich versichere Ihnen, dass ich den Meinen sehr viel angenehmer und kühler empfinde als Sie den Ihren. Er ist doch dafür gemacht, Hitze abzuhalten. *Kurze Pause, er schaut rüber zu Smith.* Ich habe schon von Menschen gehört, die wegen weitaus weniger kollabiert sind, und alle Bemühungen, sie wieder auf die Beine zu kriegen, waren vergebens. Keinen einzigen Atemzug haben sie mehr getan.

*Johnson lockert seinen Kragen und atmet tief ein.*

MISS CADELL *wendet sich wieder dem Raum zu und geht an der Gruppe um Smith vorbei. Zu Scott, stichelnd.* Zeigen Sie Ihr ganzes Können, Mr Scott?

SCOTT *wendet sich ihr zu* Machen Sie mir dafür gerne den Prozess, Miss Cadell.

*Bradley bemerkt Miss Cadells Taschentuch auf dem Boden, blickt sich um, um sicherzugehen, dass niemand es gesehen hat, nimmt es und steckt es in seine Tasche. Der Einzige, der ihn dabei beobachtet, ist Foster.*

MRS THORNTON  Er bewegt sich.

DUNN  Er kriegt auch wieder ein bisschen Farbe ins Gesicht.

SANDERS  Bald wird er zu sich kommen. Es war nur ein Schock, wie ich gesagt habe.

*Jetzt tritt auch der letzte Geschworene ein, Mr Kingsley. Nachdem er die Aufregung eine Weile beobachtet hat, öffnet er mechanisch sein Zigarettenetui, nimmt eine Zigarette heraus, legt sie aber wieder zurück ins Etui. Der Gerichtsdiener kommt aus der Garderobe. Kingsley winkt ihn heran.*

KINGSLEY  Was meinen Sie, werden wir bis heute Abend mit dem Fall durch sein?

GERICHTSDIENER  Seine Ehren gibt sein Bestes. Wir haben diese Woche immerhin noch einen Raub, einen Juwelendiebstahl und eine Verleumdungsklage. *Zuckt die Schultern.* Aber natürlich, wenn die Geschworenen weiter in Ohnmacht fallen …

*Sanders kommt hinzu.*

KINGSLEY *wendet sich an Sanders* Ich hoffe, Mr Smith wird sich bald erholen.

SANDERS Oh, ja. Es geht ihm schon besser. Es ist nichts Ernstes. Ein bisschen Ruhe und er ist wiederhergestellt. *Zum Gerichtsdiener.* Würden Sie bitte den Richter um Entschuldigung bitten für die entstandene Verzögerung?

GERICHTSDIENER Natürlich, Herr Vorsitzender.

SCOTT *dreht sich um* Und richten Sie ihm aus, die kleine Pause wird sowohl uns als auch Seiner Ehren guttun.

GERICHTSDIENER *würdevoll* Wenn Sie erlauben, Sir, werde ich Seiner Ehren lieber nichts von Ihnen ausrichten. *Geht links ab.*

SCOTT *lacht* Ist unser Zerberus nicht zauberhaft? Die Grabesstimmung in Person, ganz wie Seine Ehren, Richter Gnadenlos. *Zeigt zum Porträt.*

SANDERS Ich bewundere alle, die die Würde des Rechts verkörpern, und sei es auch als sein geringster Diener.

KINGSLEY *unbeeindruckt von diesem Einwurf* Das Beste, was wir für den Patienten tun können, ist, ihm etwas Ruhe zu verschaffen.

FOSTER Die haben viel zu viel Freude daran, solch einen Wirbel um ihn zu veranstalten. Davon lassen die sich nicht abbringen. Zigarette?

KINGSLEY Nein, danke.

*Kingsley geht rechts ab, gefolgt von Foster.*

MISS MEAD Ich fürchte, Ihr Parfüm könnte bei Mr Smith Unwohlsein hervorrufen.

MISS CADELL Denken Sie, es beißt sich mit Ihrem Lavendelduft?

SMITH *beginnt sich zu regen, kommt zu Bewusstsein und schaut erschrocken in die Gesichter um ihn herum, ohne zu realisieren, wo er ist* Wie sind Sie hierhergekommen? Lassen Sie mich in Ruhe. Quälen Sie mich nicht weiter. Hören Sie auf. Lassen Sie mich in Ruhe ...

MISS MEAD *beugt sich zu ihm hinunter* Schscht, schscht, niemand will Ihnen etwas. Sie waren ohnmächtig, gleich wird es Ihnen wieder besser gehen.

SMITH *unter großer Anstrengung* Tut mir leid. Sehr leid. Ich muss einen Albtraum gehabt haben ...

SCOTT *fühlt seinen Puls* Schon besser. Bald geht es uns wieder prächtig, nicht wahr?

SMITH *zieht seine Hand zurück* Mir geht's schon ... fast wieder gut. Lassen Sie mich einfach einen Augenblick in Ruhe, bitte ...

*Scott macht eine Bewegung, die den anderen bedeutet, dass es das Beste sei, dem Patienten seinen Willen zu lassen. Die Gruppe löst sich auf. Scott und Miss Cadell gehen zum rechten Fenster, schlendern dann über die Bühne. Mrs Thornton geht zum Tisch und setzt sich neben Johnson. Dunn stellt sich an den kleinen Tisch. Sanders geht rechts ab.*

*Die folgenden Gespräche finden mehr oder weniger gleichzeitig statt.*

JOHNSON *ironisch zu Mrs Thornton* Der Patient legt wohl keinen Wert auf unsere Gesellschaft.

MRS THORNTON *sehr laut flüsternd* Das ist nur wegen der Strapazen. Seine Frau war in letzter Zeit schwer krank und er sehr besorgt um sie. Beide lieben einander hingebungsvoll, müssen Sie wissen. Und jetzt noch dieser Prozess.

*Sie nimmt ihren Hut ab, öffnet ihre große Handtasche, richtet in Ruhe ihr Haar und pudert ihr Gesicht.*

JOHNSON *starrt in Miss Cadells Richtung* Jetzt versuchen nicht auch Sie noch, uns zu bezirzen, Mrs Thornton.

SCOTT *zu Miss Cadell* Das ist ganz typisch bei solchen Nervenkrisen.

MISS CADELL *stichelnd* Ich hätte nicht gedacht, dass Zahnärzte sich so gut mit Nerven auskennen.

SCOTT Ohne kommt man auch in meinem Beruf nicht weit. Das können Sie mir glauben.

*Sie lächelt ihn an und zeigt dabei ihre makellosen Zähne.*

SCOTT Aber über Meinesgleichen werden Sie ja nicht viel wissen, vermute ich. Sie sehen aus wie der wandelnde Untergang meiner Zunft.

MISS CADELL Seit ich mir das Rauchen angewöhnt habe, ruiniere aber auch ich mir die Zähne. *Sie holt ihr Zigarettenetui hervor, nimmt eine Zigarette heraus, führt sie an den Mund.* Haben Sie Feuer?

*Scott schaut zu Smith, ist ein bisschen beschämt und ignoriert ihre Bitte.*

MISS CADELL *glaubt, er habe sie nicht gehört* Haben Sie kein Feuer?

*Jetzt nimmt er eine Schachtel Streichhölzer aus seiner Tasche und entzündet eines.*

MISS MEAD *wendet sich verärgert an Miss Cadell* Ich finde es äußerst rücksichtslos, hier zu rauchen, Miss …

MISS CADELL *frech* Herzlichen Dank für den Hinweis, Miss … *Zu Scott.* Lassen Sie uns rausgehen.

*Geht, gefolgt von Scott, rechts ab.*

FOSTER *tritt rechts wieder auf und hört das Gespräch,* *ironisch* Herrje, atmosphärische Spannungen … Stimmt was nicht? … *Folgt mit den Augen einer Fliege, die drauf und dran ist, sich auf sein Gesicht zu setzen, dann schnappt er sie mit den Fingern aus der Luft – eine Spezialität von ihm.* Sowas von lästig. *Schnippt sie weg.* Unangenehmes kleines Biest. *Er sieht die Zeitung, die vom Gerichtsdiener auf dem Stuhl, auf dem er ge-sessen hatte, liegen gelassen worden ist, und nimmt sie.* Was haben wir denn hier? Wenn das mal kein Dienst-vergehen ist.

*Miss Mead hat sich etwas Eau de Cologne auf die Hände ge-träufelt und drückt sie gegen ihre Stirn, sie geht in Richtung Tisch, um die Flasche wieder in ihre Handtasche zu legen.*

JOHNSON Und was ist mit mir? Kräftige Männer sind die Stiefkinder der Natur. Alle guten Seelen veranstalten einen Affentanz um die Armen und Schwachen, wäh-rend man uns für selbstverständlich nimmt. *Miss Mead gibt ihm die Flasche.* Herzlichsten Dank.

DUNN Sicher kennen Sie Mr Smith, wo Sie doch auch im Bankwesen arbeiten?

BRADLEY Tatsächlich nein. Nur vom Hörensagen.

DUNN Er ist so ein an-genehmer Mann. In meinem Beruf krie-ge ich ja allerhand mit, wissen Sie. Das ist nicht

nur Briefe austragen.
Man kann nicht umhin,
alles Mögliche zu er-
fahren.

BRADLEY *eher abwesend*
Kann ich mir vorstellen.

DUNN Die ganze Familie,
so nette Leute. Wenn
ich die Abendpost brin-
ge, sitzt Mrs Smith
immer im Garten. Sie
ist sehr kränklich, müs-
sen Sie wissen.

MRS THORNTON *führt die Unterhaltung fort* Mr Smith ist ein Kunde meines Schwiegersohns, von Mr Brown, dem Gemüsehändler. Als Mrs Smith krank war, kam er jeden Tag nach der Bank um die Abendstunde vorbei. Er hat Obst und Blumen gekauft, und meine Tochter musste eigens für ihn Erdbeeren und Pfirsiche bestellen, weil sie die normalerweise nicht führen. Und das, obwohl die Smiths doch so darauf bedacht sind, keine hohen Ausgaben zu haben. Über seine Tochter erzählt man sich, dass sie einen reichen Mann in London hat. Und sehr intelligent, ein Anwalt oder so. Es ist noch nicht offiziell, aber Sie können mir glauben ... *Sie plappert weiter, wird dabei immer leiser, bis sie kaum mehr zu hören ist.*

FOSTER *hat mit wachsender Wut die Zeitung gelesen* Was für Idioten! Verdammte Dummköpfe. Hören Sie sich diesen Unsinn mal an: »Mr X, der mysteriöse Bartträger aus dem Taylor-Fall, scheint eher einem Groschenroman entsprungen zu sein. Gewiss, dieser düstere und abstoßende Mordfall bietet sonst wenig Unterhaltung. Aber ein bärtiger Liebhaber des bezaubernden Opfers, der einen Rolls Royce fährt, auf mysteriöse Weise hinter der nächstbesten Straßenecke verschwindet und nichts als Papierschnipsel zurücklässt, das ist doch nochmal etwas anderes. Während der gestrigen Verhandlung erhob sich ein durchaus respektables Mitglied der Jury und stellte vorwurfsvoll die Frage: ›Warum wurde Mr X denn noch nicht gefunden?‹«

*Kingsley tritt wieder ein, bleibt einen Moment stehen und hört zu.*

FOSTER »So viele Männer mit Bart, die noch dazu Rolls Royce fahren und attraktive Frauen zum Abendessen ins Three Crowns ausführen, wird es kaum geben. Welche Maßnahmen wurden ergriffen, um einen derart wichtigen Zeugen ausfindig zu machen? Warum werden nicht alle Bartträger festgenommen und ins Gefängnis gesteckt? Warum sind keine Ermittlungen in Barber Shops angestellt worden, ob dort unlängst ein brauner Bart erworben wurde, den der vorsichtige Don Juan, nach dem Treffen mit seiner Liebsten, wie-

21

der abgenommen und in seiner Jacke oder zwischen den Polstern seines Wagens hat verschwinden lassen?« *Er lässt die Zeitung fallen. Johnson schüttelt sich vor Lachen.* Ich werde an den Herausgeber schreiben. Ich lasse nicht zu, dass man sich über mich lustig macht und mir die Worte im Mund umdreht. Das ist doch reinste Korruption. Die Zeitungen sind bestochen worden. Die ganze Sache stinkt gewaltig.

JOHNSON Aber, mein Lieber, ich stimme dem Kerl sogar halbwegs zu, ich glaube, die Verteidigung hat diese Person nur erfunden, um uns auf eine falsche Fährte zu locken.

FOSTER Die ganze Schreibe dieser Person spekuliert doch genau auf die Einfältigkeit von Leuten wie Ihnen.

JOHNSON Nur sensationslüsterne Schnüffler fallen auf so einen billigen Köder herein.

MISS MEAD *zu Johnson* Ich denke, hier liegen Sie falsch. Ich glaube wirklich, dass mehr als ein Mann in die Sache involviert gewesen ist.

JOHNSON Natürlich, es gab noch diesen Porträtmaler, Walker, mit dem Mrs Taylor offensichtlich eine Affäre hatte.

MRS THORNTON Aber wie können wir da so sicher sein? Heutzutage lassen sich viele angesehene Leute porträtieren, sogar Königinnen und Herzoginnen, und ich denke, es ist wirklich nichts dabei, solange man anständig gekleidet ist.

FOSTER *sarkastisch* Das ist Einstellungssache. Wie wir alle wissen, war auch Eva, den Umständen entsprechend, sehr anständig gekleidet. Obwohl sie nur ein Feigenblatt trug.

COOK Aber auf dem Porträt, das wir im Gericht sahen, trug Mrs Taylor ein Abendkleid, das, obwohl grün, sehr viel mehr verdeckte als ein Feigenblatt.

BRADLEY Ich kann mir nicht vorstellen, dass eine Frau, die so aussieht wie die auf dem Bild, sich so verhalten haben soll, wie ihr unterstellt wird.

DUNN *ist auch zum Tisch gekommen und hat eine Weile das Gespräch mitgehört* Entschuldigen Sie, wenn ich mich einmische. Ich glaube nicht, dass dieser Mr X wirklich existiert. Er wäre doch sicher eingeschritten und hätte versucht, die üble Nachrede gegen sie zu unterbinden.

FOSTER Aber begreifen Sie doch, alles, was er hätte sagen können, hätte seiner Liebsten ebenso geschadet wie ihm selbst. Darum war die Verteidigung so erpicht darauf, ihn ausfindig zu machen. Und er darauf, unerkannt zu bleiben.

*Johnson schnappt sich die Zeitung und versteckt sie wie ein Schuljunge, indem er sich darauf setzt. Der Gerichtsdiener tritt links auf, sieht sich nach Sanders um.*

GERICHTSDIENER Herr Vorsitzender?

DUNN *geht zur rechten Tür, ruft* Herr Vorsitzender, es wird nach Ihnen verlangt, Sir.

JOHNSON *folgt mit den Augen den Fliegen, die ihn die ganze Zeit ärgern* Ich habe noch nie so viele Fliegen auf einem Haufen gesehen wie in diesem verdammten Gericht. Wo haben Sie die nur alle her?

GERICHTSDIENER *würdevoll* Im Geschworenenzimmer tummelt sich so manche Spezies. Fliegenfallen würden nur dafür sorgen, dass sie hier hängenbleiben.

*Kingsley hat sich an den kleinen Tisch links gesetzt und ist dort mit Schreiben beschäftigt.*

FOSTER *fängt eine Fliege mit der Hand* Ein ziemlicher Brummer.

JOHNSON *voller Bewunderung* Großartig! Wie haben Sie das nur geschafft? Ich würde mich allenfalls selber schlagen, und die furchtbaren Biester flögen davon.

MRS THORNTON Und ich zerquetsche sie immer. Wenn ich sie überhaupt zu fassen kriege. *Versucht mit der gleichen Methode wie Foster eine zu fangen.* Und weg ist sie.

COOK *ernst* So was lernt man in frühester Kindheit.

*Bradley, der am linken Fenster gestanden hat, wird unruhig und scheint sich zu langweilen, er läuft auf und ab, wobei er gelegentlich am Fenster rechts in der Ecke stehenbleibt.*

SCOTT *kommt aus der Garderobe* Mr Sanders kommt gleich. Und, wie lautet die Entscheidung?

GERICHTSDIENER *sehr reserviert* Das lasse ich den Vorsitzenden wissen, sobald er zurück ist.

SCOTT *lacht* Nur keine Vertraulichkeiten gegenüber unsereinem. Ach, und Herr Gefängniswärter, Sie haben letzte Nacht meine Tür eine Viertelstunde vor denen der anderen zugesperrt. Das nenne ich Amtsmissbrauch.

GERICHTSDIENER Irgendwo muss ich ja anfangen, und da habe ich eben bei Ihnen angefangen.

SCOTT Und genau das verbitte ich mir. Es ist nicht zu übersehen, wie sehr Sie das Einsperren genießen, aber was haben wir damit zu schaffen?

GERICHTSDIENER *ruhig* In der Welt hätte viel Unheil vermieden werden können, hätte man die Türen der Leute beizeiten zugesperrt.

JOHNSON Kein schlechter Gedanke. Die Menschen einsperren, bevor sie etwas verbrochen haben. Dann erspart man es sich hinterher.

MISS CADELL *kommt aus der Garderobe, läuft durch das Zimmer, bleibt bei Smith stehen, beugt sich auf charmanteste Weise zu ihm* Kann ich noch irgendetwas für Sie tun, Mr Smith?

*Smith schüttelt wortlos den Kopf. Bradley beobachtet das. Miss Cadell geht zum Tisch, bleibt dort einen Moment und geht dann zum rechten Fenster.*

MRS THORNTON Also, wenn Sie mich fragen, für kein Geld der Welt würde ich nachts auch nur einen Fuß in diesen gruseligen Flur setzen.

SCOTT *ernst* Nur zu verständlich, Mrs Thornton. Denn jede Nacht Punkt zwölf steigt Seine Ehren Richter Gnadenlos aus dem Rahmen und geistert umher.

MRS THORNTON Sie lachen, aber als ich letztes Jahr von der Beerdigung meiner Tante nach Hause kam, hörte ich ihre Stimme drei Mal ganz sachte aus dem Kamin rufen: »Do!« Ich versichere Ihnen, sie war die Einzige, die mich je so genannt hat. Als Koseform von Dorothy, verstehen Sie? Mr Thornton hat es nicht gehört, er hat es nicht so mit dem Übersinnlichen.

JOHNSON Also, wenn jemand allen Grund zum Spuken hat, dann er. *Zeigt auf das Gemälde.* Schließlich hat er Hunderte Menschen in die Hölle geschickt.

GERICHTSDIENER Entschuldigen Sie, Sir, wenn Seine Ehren 76 Personen an den Galgen gebracht hat, so ist das immer noch ein besserer Ort, als ihn diese Leute verdient haben. Und all die Humanisten, die ihn heute kritisieren, will ich mal sehen, wenn einer ihrer Schützlinge ihnen eines stillen Abends den Schädel einschlägt. *Sanders tritt von rechts auf. Der Gerichtsdiener spricht ihn an.* Sir, Seine Ehren hat entschieden, noch für eine halbe Stunde auszusetzen. Ich soll

Ihnen aber auch mitteilen, Herr Vorsitzender, dass es bis zum Ende der Verhandlung keine weitere Unterbrechung mehr geben wird.

SANDERS Verstehe. Sehr gut.

SCOTT Sieh mal einer an. Das ist es also, was er uns vorhin nicht hat sagen wollen.

JOHNSON Wie wäre es wenigstens mit etwas Tee, dafür, dass wir Ihnen gleich ein inniges Lebewohl hinterherrufen?

SCOTT Großartige Idee. *Zum Gerichtsdiener.* Das würde uns helfen, Sie in guter Erinnerung zu behalten.

SANDERS *sich über den Gerichtsdiener lustig machend* Drei Uhr nachmittags ist zwar eine unübliche Zeit, aber da wir wohl noch lange hier zusammensitzen, kann eine Tasse Tee nicht schaden.

GERICHTSDIENER *würdevoll* Ich werde sehen, was ich tun kann, Sir. *Geht rechts ab zur Garderobe.*

MISS MEAD *steht auf* Ich denke, ich werde ihm beim Tee zur Hand gehen.

SCOTT Der wird Sie nicht an sich ranlassen. Gegen weiblichen Charme ist der vollkommen immun.

MISS MEAD *lächelnd* Man muss ihn nur zu handhaben wissen. *Geht rechts ab.*

MRS THORNTON *holt Strickzeug aus ihrer Tasche und beginnt ein kleines Babysöckchen zu stricken* Wie wunderbar, jetzt kann ich endlich weiterstricken. Es stört Sie doch nicht? Ich muss das noch fertigkriegen, und Stricken ist so beruhigend. Tage wie dieser zehren doch ziemlich an den Nerven.

JOHNSON Nicht im Geringsten. Uns beruhigt es auch. Wir haben uns schon ziemlich an das kleine Ding gewöhnt. Sie kommen gut voran.

MRS THORNTON Ich hoffe, es wird diesmal ein Mädchen, weil meine Tochter schon einen dreijährigen Jungen hat. So ein süßes Kind, und so hübsch. Auf der Straße drehen sich alle nach ihm um. Er ist wie ein kleiner Engel, ja, das ist er wirklich. Goldene Locken am ganzen Kopf.

FOSTER *sehr gelangweilt, weil er das eben Gesagte schon zu oft gehört hat* Wo sollte der Junge auch sonst seine Locken haben? *Steht auf und geht nach links, um Kingsley zu beobachten, der sich Notizen macht.*

MISS CADELL Ist es nicht furchtbar, dass dieses Fenster einfach nicht aufgeht? Es ist bedrückend. *Bradley versucht das Fenster zu öffnen, scheitert aber.* Dieser Ort hier ist das Letzte. Nichts funktioniert so, wie es soll.

SCOTT Lassen Sie mich mal versuchen. *Er versucht es, schafft es nicht und klettert auf die Fensterbank.*

MISS CADELL *sarkastisch* Sie sehen aus, als wären Sie genau der Richtige für diese Aufgabe.

SANDERS *nähert sich dem Tisch* Immerhin haben wir Glück, nicht schon vor fünfzig Jahren Geschworene gewesen zu sein, als die Jury noch ohne Essen, Trinken und Feuer auskommen musste, bis sie ihr Urteil gefällt hatte.

JOHNSON Ich frage mich, ob wir wirklich so viel besser dran sind, wenn man sich das Abendessen in unserem gemütlichen Domizil vor Augen führt. Ich habe noch nie so viele lauwarme Koteletts gesehen und auch nicht mehr so viel Reisbrei, seit ich einen Teller voll nach meinem Kindermädchen geschmissen habe. In den drei Tagen hier habe ich sicher über sechs Kilo verloren.

*Foster hat Johnsons letzten Satz mitgehört, er steht da, überprüft dessen Stuhl.*

FOSTER Stehen Sie auf.

JOHNSON *dreht sich um* Warum?

FOSTER Stehen Sie bitte mal kurz auf.

*Johnson steht widerwillig auf. Foster hebt den Stuhl an, dreht ihn und untersucht ihn genau, stellt ihn dann wieder hin.*

FOSTER Das ist schon der zweite Stuhl, den Sie im Laufe der Verhandlung ruiniert haben. Das Gericht sollte auf einem Maximalgewicht für Geschworene bestehen.

SANDERS Na, na, meine Herren Geschworenen. Vergessen Sie nicht, dass wir in dem Prozess gegen den Angeklagten seine Königliche Majestät per patriam vertreten, *erklärend zu Mrs Thornton* das heißt, als eine Jury aus dem Volke.

COOK *düster wie immer* Eine meiner Kundinnen, die Ehefrau eines bekannten Anwalts, hat mir mal eine lustige Geschichte über eine Jury aus den guten alten Zeiten erzählt. Sie wurden unter strengem Gewahrsam gehalten und haben die Nacht in einem Raum mit dreizehn Betten verbracht – die zwölf Geschworenen und der Gerichtsdiener –, während der Gefangene abends auf Kaution frei herumlaufen und Freunde treffen konnte. Die Jury war so erbost darüber, dass sie den Gerichtsdiener eingesperrt und selber einen vergnüglichen Abend verbracht hat.

JOHNSON Warum haben Sie das nicht früher erzählt? Das wäre doch mal was gewesen.

*In der Zwischenzeit hat Scott es mit einiger Mühe geschafft, das Fenster zu öffnen. Helle Sonnenstrahlen fluten den Raum. Im warmen Abendlicht sind eine idyllische Land-*

*schaft, Weiden, Hügel und in der Ferne eine Kreideklippe zu erkennen.*

MISS CADELL  Nein! Er hat es doch tatsächlich geschafft. Was für eine herrliche Aussicht auf die Klippen.

SCOTT  *nimmt auf der Fensterbank Haltung an* Meine Dame, Ihnen zu Ehren geben Menschheit und Natur stets ihr Bestes. *Springt herunter, rempelt dabei Bradley an.* Nichts für ungut, mein Bester.

JOHNSON  *geht zum Fenster* Hätten Sie das gedacht? Man kann fast bis zu meinem Haus sehen. Gleich neben der Kapelle.

MRS THORNTON  Was für eine Verschwendung, an einem so schönen Tag hier zu sitzen. Und wenn ich dann Waschtag habe, schüttet es bestimmt wieder.

*Miss Mead kommt mit zwei Tassen Tee zurück, gefolgt von Dunn, der einen Teller mit Keksen und Zucker trägt.*

MISS MEAD  Tee ist fertig. *Schaut überrascht zum Fenster.* Ach, wie wunderbar. Nun ist der Raum nicht mehr so düster, fast schon gemütlich.

*Dunn macht ein paar Schritte, bleibt dann plötzlich stehen.*

MRS THORNTON  *bemerkt das* Was ist los mit Ihnen, Mr Dunn?

DUNN  *kommt an den Tisch und stellt die Sachen ab* Seltsam, letzte Nacht habe ich von diesem Fenster geträumt. Das war geradeso wie jetzt.

*Johnson ist zum Tisch gekommen und steckt sich ein Stück Zucker in den Mund.*

MRS THORNTON  Sie sind ein Schleckermaul.

MISS MEAD  *geht zu Smith* Möchten Sie eine Tasse Tee, Mr Smith?

SMITH  Nein, vielen Dank.

SANDERS  Aber ich bin sicher, es würde Ihnen guttun. Probieren Sie doch mal. Und soll ich Ihren Stuhl näher ans Fenster rücken?

SMITH  *schwach* Danke, ich bleibe lieber, wo ich bin. Es tut mir wirklich leid, solche Umstände zu machen.

SANDERS  Ganz und gar nicht. Wir sind doch alle froh über die unverhoffte Teepause.

MISS MEAD  Sind Sie sicher, dass sich Ihre Meinung in Sachen Tee nicht noch ändert?

SMITH  Ziemlich sicher, danke.

MISS MEAD  *stellt eine Tasse vor Mrs Thornton* Sie möchten doch eine, oder?

MRS THORNTON  Danke, aber zuerst für unser Kindchen hier. Der Zucker zergeht ihm ja schon im Munde. *Sie reicht die Tasse an Johnson weiter.*

JOHNSON  Sie sind ein Engel. Ich fürchte, da kann ich nicht nein sagen. *Setzt sich und trinkt.*

*Miss Mead geht mit ihrer Tasse zum linken Fenster und setzt sich. Scott und Bradley sind beide zum rechten Fenster gegangen und kommen zeitgleich mit je zwei Tassen Tee bei Miss Cadell an. Doch Scott ist schneller und sie nimmt seine Tasse entgegen.*

MISS CADELL  *macht einen Knicks* Danke, Sir.

BRADLEY  *dreht sich schnell um und bietet seine Tasse Mrs Thornton an* Möchten Sie eine Tasse Tee?

MRS THORNTON  *erfreut* Vielen Dank, wie aufmerksam von Ihnen.

FOSTER *der die kleine Szene beobachtet hat* Wenn die Schwäne deine Krümel verschmähen, findet sich immer noch eine Ente, die sie frisst.

MRS THORNTON Und was genau meinen Sie damit?

FOSTER Nichts Bestimmtes. *Stiehlt sich davon.*

MRS THORNTON *zu Johnson* Wenn der ein Gentleman ist, bin ich die Kaiserin von China.

JOHNSON Sind Sie nicht.

MRS THORNTON *flüstert Sanders zu* Ich finde, solche Kreaturen sollten als Geschworene gar nicht erst zugelassen werden.

*Während der folgenden Unterhaltung nehmen sich Dunn und Sanders eine Tasse Tee. Miss Cadell sitzt auf der Fensterbank.*

SCOTT *reicht den Teller herum* Möchte jemand von diesen köstlichen spätmittelalterlichen Keksen?

JOHNSON Der Tee schmeckt seltsam.

SCOTT Das liegt daran, dass sie hier Amtsblätter statt Teeblätter aufbrühen.

*Alle lachen über den Scherz.*

MRS THORNTON Ist er nicht zum Schreien?

*Bradley ist mit seinem Tee nach links gegangen und gesellt sich zu Miss Mead.*

*Die folgenden Gespräche finden wieder mehr oder weniger gleichzeitig statt.*

MISS MEAD Mr Scott ist sehr geistreich, nicht wahr?

BRADLEY *etwas bedrückt* Ja, sehr. Er hat Glück, so brillieren zu können.

MISS MEAD Als ich jung war, hätte ich alles dafür gegeben, auch so zu sein. Nichts hätte ich mir sehnlicher gewünscht. Doch jetzt finde ich es irgendwie nicht mehr so wichtig.

BRADLEY Aber es ist doch großartig, sich so geschickt ausdrücken zu können, dass alles interessant klingt.

MISS MEAD Auch wenn es eigentlich ganz unwichtig ist und dumm?

*Bradley schaut sie fragend an, sie lächelt, beide trinken einen Schluck.*

MRS THORNTON Ah, tut das gut, sich einfach mal hinzusetzen. Und niemand, der einen anstarrt, als wäre man ein aufgepikster Käfer.

JOHNSON Und erst dieses Gebrüll der Verteidigung. »Ich lenke die Aufmerksamkeit der Geschworenen auf dieses oder jenes!« Um Himmels willen, das ist echt kein Spaß.

SANDERS Was haben Sie erwartet? Eine Verhandlung ist eben eine Angelegenheit von großem öffentlichen Interesse. Viele beneiden uns darum, dass wir als Geschworene daran teilnehmen.

MRS THORNTON Wenn ich daran denke, wie ich aus dem Häuschen war, als ich berufen wurde. Früher, wenn ich Berichte über Gerichtsverhandlungen gelesen habe, schien alles so aufregend zu sein. Und jetzt sitze ich hier die halbe Zeit gelangweilt herum und verstehe kein Wort, und die andere Hälfte ist einfach nur schrecklich.

SANDERS *geht zu Kingsley* Haben Sie nicht Lust, sich zu uns zu gesellen, Sir?

KINGSLEY Nein, danke. Ich mache mir nicht viel aus Tee, und ich fürchte, ich muss hier noch ein, zwei Dinge erledigen.

SANDERS Das verstehe ich
natürlich, Sir, lassen Sie
sich nicht stören.

*Geht zum Tisch, setzt sich
mit seiner Tasse.*

JOHNSON Ich glaube, mei-
ne Diana wird halb-
verhungert sein, wenn
ich heute Abend nach
Hause komme. Sie
nimmt von niemandem
etwas, außer von mir.

DUNN Ist Mrs Johnson
unpässlich?

JOHNSON *lacht* Nein, sie
ist ein Bullterrier. Ein
reizendes Wesen und
die Einzige, die es mit
mir aushält.

DUNN Oh, verstehe. Wie
dumm von mir. Aber
Sie haben so ernst ge-
klungen.

MRS THORNTON Mr John-
son nimmt die Leute
gerne auf den Arm, wis-
sen Sie.

*Scott und Miss Cadell
schlendern über die Bühne.*

SCOTT Was halten Sie von
einer Spritztour mit
meinem kleinen Wagen
nächsten Sonntag?

MISS CADELL Was für ein
Auto ist es denn?

SCOTT Leider kein Rolls Royce, aber für ein kleines Auto doch ein ziemlich gutes.

MISS CADELL Verstehe. Also eines, mit dem man voran, aber nicht weit kommt. Und das dann mitten im Nirgendwo liegen bleibt. Und natürlich regnet es in Strömen und die nächste Werkstatt liegt hinter den sieben Bergen. Man ist völlig durchnässt, während der Fahrer unter dem Getriebe herumzappelt, und am Ende bringt man den Tag damit zu, schlecht gelaunt nach Hause zu laufen und sich eine Lungenentzündung zu holen. Nein, danke.

JOHNSON Ich bin sicher, wir werden heute Abend alle sehr zufrieden in unseren eigenen Betten liegen.

MRS THORNTON Wer hätte gedacht, dass es auf-

*Sie bleiben vor dem Fenster stehen und setzen ihr Gespräch fort, das jetzt nicht mehr zu hören ist. Cook tritt auf und positioniert sich neben Foster, während er seine Teetasse auf den Kaminsims stellt.*

35

regender sein würde, nach Hause zu kommen, als hier zu sein?

FOSTER *mit kaum verhohlener Abneigung zu Cook* Und, haben Sie eine gute Zeit?

*Geht zum linken Fenster. Cook schaut ihm verdutzt hinterher.*

BRADLEY *nimmt die unterbrochene Unterhaltung mit Miss Mead wieder auf* Recht bedacht, ist es eine furchtbare Verantwortung. Es geht um ein Menschenleben, das man entweder zurückgibt oder nimmt.

MISS MEAD Ich weiß. Als ich heute Nacht wach lag und jede Stunde die alte Uhr schlagen hörte, musste ich auch daran denken.

BRADLEY Und doch ist es, als wäre alles vorherbestimmt, jeder Schritt schicksalhaft vorgezeichnet. Irgendwie ist mir, als sei ich an einem entscheidenden Punkt in meinem Leben und als würde bald etwas

*Scott nimmt den Teller mit den Keksen vom Tisch, macht einen seiner üblichen Scherze, trägt den Teller zu Miss Cadell und imitiert dabei Gang und Gesten eines gehetzten Kellners. Man hört Miss Cadells amüsiertes Lachen.*

sehr Wichtiges passieren. Ich weiß gar nicht, warum ich Ihnen das alles erzähle.

*Man hört Miss Cadells schrilles Lachen, Bradley zittert leicht. Miss Mead betrachtet ihn, dann verbittert:*

MISS MEAD Warum lernt man denn nie dazu? Warum muss es immer und immer wieder passieren? Dieses alte, grausame Spiel. *Bricht abrupt ab, zwingt sich zu einem Lächeln.* Wären Sie so lieb, mir noch eine Tasse Tee zu bringen?

BRADLEY Natürlich. *Geht rechts ab.*

MISS CADELL *wendet sich zum Tisch, nimmt einen Keks, lächelt Sanders an* Stimmen Sie mir zu, Mr Sanders, wenn ich sage: Eine Frau, die alles will, aber einen Mann heiratet, der ihr nichts zu bieten hat, das kann nur in Mord und Totschlag enden?

*Noch ehe Sanders antworten kann, steht Miss Mead, zitternd vor Wut, auf. Scott und Miss Cadell schlendern wieder umher.*

SCOTT Sie sind eine Frau, die sich keine Illusionen mehr macht.

MISS CADELL Ich glaube, ich hatte nie welche. In meinem Beruf wäre ich sie auch schnell los gewesen.

SCOTT Wie denn, wenn man doch in schönen Kleidern herumläuft und dabei wundervoll aussieht?

MISS CADELL Versuchen Sie es mal. Es bricht Ihnen das Rückgrat und lässt Sie halbtot zurück, wenn Sie damit durch sind.

*Sie wenden sich ab.*

MRS THORNTON *führt eine Unterhaltung fort, die bis dahin nicht zu hören war* Wie konnte Taylor eigentlich ein Mädchen

heiraten, das so bild-
schön ist, wo er doch
selbst ein Gesicht hat
wie ein zerknautschter
Hut?

FOSTER Bildschön, aller-
dings. Dieser Dumm-
kopf hätte wissen müs-
sen, wie viel so ein
Gemälde wert ist.

MISS CADELL Und glau-
ben Sie, es macht Spaß,
schöne Kleider vor fet-
ten Hennen und dür-
ren Kleiderständern zu
präsentieren, nur weil
die umsichtig genug
waren, sich die richtigen
Väter oder Ehemänner
herauszupicken?

SCOTT *spöttisch, wenn
auch etwas verletzt* Ich
nehme an, Sie werden
auch sehr umsichtig
sein, Miss Cadell.

MISS CADELL Worauf Sie
wetten können.

MISS MEAD Merken Sie denn nicht, wie unpassend das
alles ist? All der billige Glanz, die kleinen Intrigen und
das bedeutungslose Gerede. Zeigen Sie so Ihr Mit-
gefühl für diese schreckliche Tragödie, deren Zeugen

wir wurden? In ein paar Stunden sollen wir an diesem Tisch hier sitzen, und von unserer Entscheidung wird das Leben eines Mannes abhängen.

SCOTT Ich glaube nicht, dass es großer Vorbereitungen bedarf, um zu wissen, wie wir in diesem Fall zu urteilen haben, auch ohne große Reden zu schwingen.

*Bradley kommt mit Miss Meads Tasse zurück.*

MISS CADELL *ironisch zu Scott* Manche Leute müssen sich immer als Moralapostel aufspielen. Wir sind hier ja nicht auf der Beerdigung meiner Großmutter.

BRADLEY Ihr Tee, Miss Mead.

*Er hält ihr leicht zitternd die Tasse hin, sie zögert kurz, bevor sie sie nimmt.*

MISS MEAD *wendet sich scharf an Miss Cadell* Aber auch auf keinem Laufsteg, wo man seinen Sex-Appeal zur Schau stellt. *Zu Bradley.* Danke.

SANDERS Na, na, ich bin sicher, niemand hier will persönlich werden. Wir versuchen doch alle, jeder auf seine Art, etwas beizutragen.

JOHNSON Wir gehen uns bloß auf die Nerven. Das ist das Problem.

FOSTER Wie Sardinen in einer stinkenden Dose.

SCOTT Ich dachte immer, Sardinen in der Dose hätten zärtliche Gefühle füreinander.

MISS CADELL *wendet sich an Mrs Thornton und hält die Babysocke für einen Moment hoch, mit einem charmanten Lächeln* Wie klein die ist. Wie niedlich.

MRS THORNTON Sie sind wohl sehr kinderlieb, Miss Cadell.

MISS CADELL Ich liebe einfach Kinder. Also anderleuts Kinder.

MRS THORNTON Eines Tages werden Sie sicher eigene Kinder haben, und was für entzückende!

MISS CADELL *lacht* Ich fürchte, in meinem Fall wird der Klapperstorch arbeitslos bleiben.

*Geht zum rechten, geöffneten Fenster und lässt Mrs Thornton freudestrahlend zurück. Bradley will ihr folgen, lässt es dann aber bleiben.*

SANDERS *der nach einer guten Antwort auf Miss Mead gesucht hat* Ich verstehe schon Ihren Standpunkt, Miss Mead, aber ich glaube, unsere persönlichen Stärken und Schwächen sind nicht von Belang. Wir sind hier als Geschworene, nicht als Privatpersonen.

MISS MEAD Aber welchen Unterschied macht das? Ich bin Katherine Mead, ob als Geschworene oder nicht. Ich kann mich nicht zum Verschwinden bringen. Ich kann nur auf mein Gewissen hören.

SCOTT Aber meine liebe Miss Katherine Mead, bei allem Respekt vor Ihrer edlen Gesinnung, ich fürchte, Sie unterschätzen den fachlichen Aspekt der Angelegenheit. Wenn ich die Zähne meiner Patienten bohre oder ziehe, tue ich das nicht als Allister Scott, sondern als Zahnarzt.

MISS MEAD *unterbricht* Bei allem Respekt vor Ihrer fachlichen Kompetenz, aber das hier ist keine Frage von Bohren oder Zähneziehen. Denn wenn Sie einen Menschen zu Unrecht in den Tod schicken, macht all Ihre fachliche Kompetenz ihn nicht wieder lebendig.

*Johnson steht auf und streckt sich.*

DUNN Für den Einzelnen ist unergründlich, welcher Weg der richtige ist.

SANDERS Und deshalb wurde die Verantwortung dem Einzelnen abgenommen, und sei er auch der gelehrteste Richter, und wurde zwölf einfachen Leuten wie uns anvertraut. Ein Individuum, egal wie weise, kann Vorurteilen erliegen oder Fehler begehen, aber wenn zwölf Menschen, charakterlich und gesellschaftlich so verschieden wie wir, einstimmig über die Frage von Schuld oder Unschuld entscheiden müssen, und das ist es, wie Sie alle wissen, was das Gesetz verlangt, dann bietet das die größtmögliche Gewähr dafür, dass die Wahrheit ans Licht kommt und die Gerechtigkeit siegt.

MISS MEAD Ich weiß nicht. All das mag stimmen, und trotzdem ist es irgendwie grundfalsch.

JOHNSON *geht zu Cook, der sehr bedächtig seinen Tee trinkt und Miss Cadell beobachtet, die an ihm vorbei zum linken Fenster läuft* Na, na, lassen Sie besser die Augen von der Sirene.

COOK *phlegmatisch* Mein Interesse an dieser Dame ist rein beruflicher Natur.

JOHNSON *klopft ihm auf die Schulter* Ungezogener Bengel!

*Smith steht von seinem Stuhl auf und geht ein paar Schritte. Johnson ist der Erste, der reagiert.*

JOHNSON Hallo, Mr Smith. Geht es Ihnen besser?

SMITH Ja, danke. *Geht zum Tisch.*

SANDERS Schön, Sie wieder auf den Beinen zu sehen, Mr Smith.

SCOTT Sieht wieder aus wie das blühende Leben.

SMITH Ich störe doch nicht?

SANDERS Natürlich nicht. Setzen Sie sich.

*Dunn steht unnötigerweise auf und bietet Smith seinen Platz an.*

SMITH Denken Sie, es besteht noch irgendeine Chance, dass der Prozess zugunsten des Angeklagten ausgeht?

SANDERS Das weiß man bei Gericht nie, Mr Smith. Aber wenn nicht noch ein Wunder geschieht, so liegt der Fall doch leider allzu klar, oder?

FOSTER In diesem Fall ist so einiges alles andere als klar.

SCOTT Oh Gott, jetzt fangen Sie nicht wieder mit dem geheimnisvollen Unbekannten an. Auch wenn Mr X in diesem Moment mit seinem grauen Rolls Royce mitten ins Gericht gerast käme, änderte das nichts an der Tatsache, dass Taylor seine Frau das Devils Cliff hinuntergestoßen hat.

SANDERS Wenn es noch irgendwelche Zweifel gab, so denke ich, dass nach der letzten Zeugenaussage und nach Taylors furchtbarem Lachen …

*Eine kurze unangenehme Stille. Smith sitzt mit dem Rücken zum Publikum.*

MRS THORNTON Lassen wir es doch für eine Weile darauf beruhen.

DUNN *kommt zu Cook an den Kamin* Entschuldigen Sie, Sir, sind Sie etwa der Cook von »Cook and Sons«, der Drogerie in der High Street?

COOK Nein, damit habe ich nichts zu tun. Ich habe auch keine Söhne, nur fünf Töchter.

DUNN *mitfühlend* Sie scheinen Ihren Beruf nicht sonderlich zu mögen, wenn Sie mir die Bemerkung erlauben.

COOK Das stimmt. *Als hätte er eine traurige Nachricht* Ich verkaufe Damenkorsetts.

DUNN Das tut mir schrecklich leid … ich meine …
damit hatte ich jetzt irgendwie nicht gerechnet.
COOK Ich habe es mir nicht ausgesucht. Ich habe es von
meinem Vater geerbt. Das Geschäft mit der Venus von
Milo, und meinen Namen Heracles. Ich mochte bei-
des nicht.

*Läuft traurig zum Tisch und setzt sich. Dunn folgt ihm mit
etwas Abstand.*

JOHNSON Oh mein Gott, ich komme hier noch um. Wer
hat nochmal behauptet, heißer Tee würde kühlen?
SCOTT Die Bolschewiken.
JOHNSON Stört es Sie, wenn ich meinen Mantel ausziehe?
MRS THORNTON Natürlich nicht.
SCOTT Aber machen Sie danach um Himmelswillen
nicht weiter.

*Johnson zieht seinen Mantel aus und geht zum offenen
Fenster, Scott folgt ihm.*

SANDERS Wir hatten gera-
de eine Diskussion, Mr
Smith. Ich denke immer,
die ganze Menschheits-
geschichte hindurch be-
ruht das Hauptmiss-
verständnis auf der
mangelnden Unter-
scheidung zwischen der
idealen Gesellschaft, der

*Miss Cadell geht zu Kingsley hinüber, der aufgestanden ist.*

MISS CADELL Sie haben nicht zufällig irgendwo mein Taschentuch gesehen?

KINGSLEY *gleichmütig*
Nein, leider nicht.

*Kingsley nimmt eine Zigarette aus seinem Etui, ohne Miss Cadell eine anzubieten, geht rechts ab.*

»civitas maxima«, und unserer heutigen. Das echte Leben besteht aus Kompromissen.

*Foster steht auf, geht zu Miss Cadell.*

MISS MEAD *irritiert über Bradleys Nervosität*
Wollen Sie sich nicht setzen, Mr Bradley?
BRADLEY Besser nicht.

*Nimmt die Zeitung, die auf Johnsons Stuhl liegen geblieben ist, geht zum Kamin, versteckt sich hinter der Zeitung, während er Miss Cadell und Foster intensiv beobachtet.*

FOSTER *zu Miss Cadell*
Dumm gelaufen!

MISS CADELL *dreht sich abweisend zu ihm um*
Was?

FOSTER Der Köder wurde ausgeworfen, aber der Fisch ist fort.

MISS CADELL Ich habe nicht die leiseste Ahnung, worauf Sie anspielen.

FOSTER Schade, was?

*Sanders, der die ganze Zeit gesprochen hat, ist nun wieder zu hören.*

*Einen Moment lang herrscht Stille, in der man das Gespräch vom Tisch hört.*

SANDERS Ja, »civitas Dei« und »civitas terrena«, das Reich Gottes und das Reich des Irdischen. Was ich darzulegen versucht habe ist, dass das Religiöse nicht in Belange des Alltags hineinreichen darf. »Gib dem Kaiser, was des Kaisers ist, und Gott, was Gottes ist.«

*Das Gespräch am Tisch wird immer mehr zu einem eintönigen Monolog von Sanders.*

FOSTER Sehen Sie, es gibt keinen Grund, um den heißen Brei zu reden.

MISS CADELL Was wollen Sie eigentlich?

FOSTER So ist es schon besser. Spielen Sie nicht die Unschuld vom Lande.

MISS CADELL Und wenn?

FOSTER Nur ein kleiner Tipp am Rande. Vergeuden Sie Ihre Zeit nicht an bärtige Gentlemen. Es kostet Sie nur Lebenszeit und bringt Ihnen nichts ein.

MISS CADELL Herzlichen Dank. Sonst noch was?

FOSTER Ein sensibler junger Mann passt nicht zu einem Mädchen wie Ihnen, von daher lohnt es nicht, weitere Gedanken daran zu verschwenden.

MISS CADELL Na, dann halt nicht.

FOSTER Bleibt noch unser Herzensbrecher von einem Zahnklempner. Mein Tipp: Lassen Sie sich von ihm die Zähne plombieren, ohne zu bezahlen. Das ist das Beste, was Sie aus ihm herausholen können.

*Man hört wieder das Gespräch am Tisch.*

SANDERS Notwehr, darum geht es in unserem Gesetz.

MRS THORNTON Also ich könnte keiner Fliege was zuleide tun.

JOHNSON *kommt zurück, während Scott auf der Fensterbank sitzt und aus dem geöffneten Fenster raucht* Und was ist mit denen, die Sie zerquetscht haben?

MRS THORNTON Na, wenn sie sich auch auf mich draufsetzen.

SANDERS *hebt einen Finger* Das ist genau, was ich meinte. Notwehr, Mrs Thornton. Darum geht es in unserem Gesetz.

*Das Gespräch ist wieder nicht mehr zu hören.*

MISS CADELL Sie halten sich für besonders schlau, was?

FOSTER Was ist nur auf einmal mit allen? Anfangs waren Sie viel freundlicher zu mir.

MISS CADELL Da kannte ich Sie auch noch nicht.

FOSTER Ich habe Sie von Anfang an gekannt. Knallhart und berechnend wie der Teufel.

MISS CADELL Ich nehme an, das ist Ihre Art, zu flirten.

FOSTER Ich flirte nicht mit Ihnen. Ich schlage Ihnen ein Geschäft vor.

MISS CADELL Und was für ein Geschäft soll das sein?

FOSTER Nun, ich bin nicht wohlhabend, aber ich habe ein einträgliches Einkommen. Ich bin nicht geizig und durchaus zahlungswillig.

MISS CADELL *halbspöttisch* Klingt ja verlockend.

FOSTER Wie wäre es mit 500 Pfund pro Jahr, zuzüglich einiger Aufmerksamkeiten, versteht sich?

MISS CADELL *eher leise* So, jetzt hören Sie mal, Sie Billigausgabe eines Don Juan. Selbst wenn Sie mir 500 Pfund pro Minute anbieten würden,

*Miss Mead steht auf und macht ein paar Schritte in Richtung des linken Fensters.*

und ich dafür nur Ihre schwabbelige Hand berühren und in Ihr abstoßendes Affengesicht schauen müsste ... ich ginge lieber ins Armenhaus, als darauf einzugehen.

FOSTER *hat seine zynische Haltung gänzlich verloren, zunehmend besorgt und wütend* Wie reden Sie mit mir? Ist denn etwas falsch an mir? Das würde ich doch gerne mal wissen.

MISS CADELL *sich von ihm abwendend* Nichts Bestimmtes, einfach alles.

SANDERS *redet immer noch* Das Recht ist ein kompliziertes Gebäude, das vom Grundstein bis zur Zinne sorgsam geplant und errichtet worden ist.

*Geht zum Kamin und lehnt sich verärgert dagegen.*

*Foster bleibt einen Moment verloren stehen, entdeckt dann Kingsleys Notizzettel auf dem kleinen Tisch und beugt sich darüber. Kingsley kehrt zurück, nachdem er ihn eine Weile beobachtet hat.*

KINGSLEY *ironisch* Ich glaube nicht, dass das von besonderem Interesse für Sie ist.

FOSTER *geht zu Miss Mead* Haben Sie schon mal eine Katze mit einer Maus spielen sehen, bevor sie sie gefressen hat? Lohnt sich. Äußerst aufschlussreich. Falls nicht, drehen Sie sich nur mal um.

MISS MEAD Tut mir leid, aber ich bin nicht interessiert.

FOSTER Schauen Sie sich die an.

BRADLEY Entschuldigen Sie bitte, Miss Cadell, gibt es irgendetwas, das ich für Sie tun kann?

MISS CADELL Nicht wirklich, fürchte ich.

BRADLEY Und falls jemand Sie belästigt, würden Sie meine Hilfe auch dann nicht annehmen?

MISS CADELL *zuckt die Schultern* Wissen Sie, ich habe lernen müssen, auf mich selbst aufzupassen.

BRADLEY Vertrauen Sie mir nicht?

MISS CADELL Doch, natürlich. Es lohnt sich nur nicht, weitere Gedanken daran zu verschwenden. Trotzdem danke.

MISS MEAD Es steht uns nicht zu, über sie zu urteilen.

FOSTER Nicht? Wissen Sie, fromme Bekenntnisse in der Öffentlichkeit treiben mir immer die Schamröte ins Gesicht. Dabei geniere ich mich so.

SANDERS *am Tisch, immer noch redend* Sie kommen um die Tatsache nicht herum, dass die Todesstrafe die abschreckendste Wirkung auf Möchtegernkriminelle hat. Leider leben wir in der civitas terrena und nicht in der civitas Dei.

SCOTT *streng, zum schlafenden Cook* Und, Cook, können Sie mir sagen, was der Lehrer gerade erklärt hat?

COOK *wacht mit einem Ruck auf* Leider leben wir in der civitas terrena und nicht in der civitas Dei.

*Lachen.*

*Scott verlässt die Fensterbank, auf die sich nun Kingsley setzt, mit dem er noch ein paar freundliche Worte wechselt. Anschließend gesellt Scott sich zu Miss Cadell, zeigt auf Cook, der eingeschlafen ist, geht dann zum Tisch. Miss Cadell folgt ihm.*

*Foster schnappt Bradleys durchdringenden Blick auf und geht zu ihm.*

FOSTER Wie es scheint, haben wir beide uns bei den werten Damen einen Korb geholt.

BRADLEY *wütend* Es wird Zeit, dass Sie aufhören, so zu reden.

FOSTER Da schwang er das flammende Schwert, um die holde Maid zu retten? …

*Winkt ihn heran, geht ein paar Schritte beiseite, Bradley folgt mechanisch.*

FOSTER Sie regen sich grundlos auf. Die Dame braucht keinen Ritter, der sie beschützt. Sie sind ein Idiot. Denken Sie, Sie können so ein Mädchen beeindrucken, indem Sie weitermachen wie ein rot anlaufender Schuljunge? Wenn Sie ihre Aufmerksamkeit gewinnen wollen, müssen Sie ihr an den Hintern greifen.

BRADLEY Was erlauben Sie sich?

*Er wirkt, als wolle er Foster schlagen, der sich schnell wegdreht.*

FOSTER Glauben Sie mir, damit, nach Taschentüchern zu greifen und sich die einzustecken, werden Sie es jedenfalls nicht weit bringen. Sie würde brüllen vor Lachen, wenn sie es herausfände. *Bradley ist zu schockiert, um zu antworten. Foster fährt fort.* Wohlgemerkt, ich verurteile das nicht. Im Gegenteil, ich finde es eher rührend, dass es in einer zynischen Zeit wie der unseren noch welche gibt, die sich wie Troubadoure aufspielen. Sie können sich auf meine Diskretion verlassen, aber ich darf Sie im Gegenzug um einen kleinen Gefallen bitten. *Bradley starrt ihn an. Er blickt sich um.* Gehen Sie einfach zu Mr Kingsley und fragen ihn, was er am Abend des 20. Juni getan hat.

BRADLEY *mit erstickter Stimme* Warum?

FOSTER Egal. Fragen Sie ihn nur, was er am Abend des 20. Juni getan hat.

BRADLEY Tut mir leid, aber das kann ich nicht. Mir steht es nicht zu, ihn das zu fragen.

FOSTER Wie Sie meinen, lieber Freund. Gefälligkeit gegen Gefälligkeit. *Geht zum Tisch, zu Johnson.* Sie haben nicht zufällig Miss Cadells Taschentuch gesehen?

JOHNSON Äh, nein, tut mir leid, habe ich nicht.

FOSTER *zu Smith* Haben Sie Miss Cadells Taschentuch gesehen, Mr Smith? *Dreht sich um.* Eines mit feiner Spitze, nicht wahr?

*Smith schüttelt den Kopf.*

BRADLEY *läuft vor hilfloser Wut rot an, geht zu Kingsley, stammelt* Entschuldigen Sie, Sir, es geht um eine kleine alberne Wette, die ich gerade laufen habe. Ich hoffe, Sie nehmen es mir nicht übel. Ich wollte fragen, ob Sie mir vielleicht sagen könnten, was Sie am Abend des 20. Juni getan haben?

*Kingsley sieht ihn überrascht an.*

KINGSLEY Am 20. Juni? Dem Tag, an dem der Mord passiert ist? *Er schaut zu Foster und merkt, dass er der Auslöser dieser Frage war, steht auf und geht zu Sanders.* Mr Sanders, bei diesem wirklich außergewöhnlichen Fall scheinen selbst die Geschworenen ein Alibi vorweisen zu müssen.

*Bradley steht noch an derselben Stelle und fühlt sich sichtlich unwohl. Die Aufmerksamkeit der anderen gilt Kingsley.*

SANDERS Ich fürchte, ich verstehe nicht ganz, Sir.

KINGSLEY Jemand hier scheint sich sehr dafür zu interessieren, was ich zur Tatzeit gemacht habe.

SANDERS Ich bin mir sicher, das war nur ein dummer Scherz, Sir.

FOSTER Und wenn sich jemand dafür interessiert, so ist doch nichts dabei, oder? Ich selbst kann mich noch sehr genau daran erinnern, was ich am Abend des 20. Juni getan habe. Zufällig hatte ich Fieber, nahm ein Senfbad und ging früh zu Bett. Draußen hörte ich den Zeitungsjungen »Mord am Devils Cliff« brüllen. Davon bekam ich Kopfschmerzen.

MRS THORNTON Ich kann mich auch noch erinnern, weil am 20. Juni nämlich meine Nachbarin Geburtstag hat und ich ihr ein paar Kuchen vorbeibrachte. Wer hätte gedacht, dass, während wir uns unterhielten, die arme Blanche Taylor in ihrem eigenen Blut lag.

FOSTER Es scheint doch, als würde man sich erinnern, wenn etwas Besonderes passiert ist.

SCOTT Ist das ein neues Spiel von Ihnen? Herauszufinden, was wir alle am Tag des Mordes getan haben?

FOSTER *ignoriert ihn* Jetzt frage ich mich, ob ein Mann, der eine Frau zum Essen eingeladen hat, die aber nicht erschienen ist, sich daran wohl erinnern würde?

SANDERS Es tut mir leid, Mr Foster. Aber ich glaube, niemand von uns versteht, worauf Sie hinauswollen.

FOSTER *fährt unbeeindruckt fort* Einige Menschen haben natürlich ein furchtbar schlechtes Gedächtnis, und denen muss man etwas auf die Sprünge helfen. In dem Fall könnte ein Blick in den Kalender nicht schaden.

KINGSLEY  Ah, verstehe. *Wendet sich an Sanders.* Vielleicht können Sie mir sagen, Herr Vorsitzender, ob es für einen Geschworenen üblich ist, sich in die Privatangelegenheiten eines anderen einzumischen?

FOSTER  Und ich wüsste gerne, ob irgendetwas einem Geschworenen das Recht gibt, Andeutungen über seine Mitgeschworenen zu machen.

SANDERS  Meine Herren, das hier ist komplett absurd. Es muss irgendein Missverständnis vorliegen.

KINGSLEY  *hat ein Notizbuch hervorgezogen, blättert einige Seiten zurück, beginnt zu lachen* 20. Juni. Abendessen mit B. *Wendet sich das erste Mal direkt an Foster.* Eine äußerst charmante Person, Mr Foster, nur leider keine Rothaarige, sondern ein Glatzkopf.

SANDERS  *sehr erleichtert* Es freut mich, dass Sie es mit Humor nehmen, Sir.

*Während der letzten Sequenz ist von der Straße her eine Drehorgel zu hören gewesen, die einen sentimentalen Gassenhauer spielt.*

MRS THORNTON  *verzückt* Hören Sie nur, das ist derselbe, der jede Woche auch durch unsere Straße kommt. Unser Tommy liebt ihn. Er gibt ihm immer einen Penny. Ich kriege richtig Heimweh davon. Scheint fast, als blieben wir für immer hier eingesperrt.

JOHNSON  Das ist doch seltsam. Es sind erst drei Tage, aber Gott weiß, es kommt mir Ewigkeiten her vor, dass ich das letzte Mal mit Diana im Park spazieren war.

*Miss Cadell geht zum Fenster, an dem Bradley steht, als wäre er dort gefangen.*

MISS CADELL *mit einer sanfteren Stimme als zuvor* Man fängt an, sich nach allem Möglichen zu sehnen, nicht wahr?

BRADLEY *schaut sie an* Ja, allerdings.

MISS CADELL Übrigens, Mr Bradley, wollte ich Sie schon die ganze Zeit über etwas fragen. Ihr Gesicht kommt mir so bekannt vor. Wo sind wir uns schon mal begegnet?

BRADLEY *sehr schüchtern* Wir nehmen jeden Morgen den gleichen Bus.

MISS CADELL Na klar, die Nummer 3. Jetzt erinnere ich mich. Aber sagten Sie nicht, Sie arbeiten in der National Bank Filiale in der High Street?

BRADLEY Das tue ich.

MISS CADELL Da wären Sie mit der 7 doch viel schneller.

BRADLEY Mir gefällt es in der 3 aber besser, Miss Cadell.

MISS MEAD *kommt zum Fenster* Das ist furchtbar. Können Sie bitte das Fenster zumachen?

*Bradley will es gerade schließen, als Miss Cadell sagt:*

MISS CADELL Nein, bitte nicht. Mir gefällt es.

*Bradley hält etwas beschämt inne.*

COOK Diese Musik trägt wirklich nicht zu einer Atmosphäre bei, die einem Gericht Seiner Majestät würdig wäre. *Geht zum Fenster.*

STIMME VON DRAUSSEN *schreit* Stehenbleiben! Hören Sie? Stehenbleiben!

MISS CADELL *aufgeregt* Schauen Sie, Taylor ist drüben am Fenster.

COOK Der Angeklagte muss das Fenster geöffnet haben, als seine Wachen abgelenkt waren. Zwei von ihnen reißen ihn zurück.

MISS MEAD *hält sich die Ohren zu, geht vom Fenster weg* Sie behandeln ihn wie ein wildes Tier. Es ist schrecklich.

JOHNSON Aber er ist doch noch schlimmer, oder nicht? Tiere sind nicht heimtückisch und gerissen.

SANDERS Mich wundert, dass sie ihn nicht in eine Zelle mit vergitterten Fenstern gesteckt haben.

SCOTT Ich wüsste gerne, woran er gerade denkt.

MRS THORNTON Bestimmt an etwas Abstoßendes.

FOSTER Sind sie nicht alle würdevoll und erhaben? Zwölf ehrbare Bürgerinnen und Bürger, immer auf der richtigen Seite des Gesetzes.

MISS MEAD Ich fürchte, da ist was dran.

MRS THORNTON *zu Foster* Ja, das sind wir auch. Wenigstens die meisten von uns.

FOSTER In der angesehensten Stadt der Vereinigten Staaten habe ich einmal die frommsten Damen dabei beobachtet, wie sie einen Schwarzen gelyncht haben. Mit ihren eleganten kleinen Schuhen traten sie ihm ins Gesicht und stachen mit ihren Haarnadeln auf ihn ein, während die edlen Herren ihn in Stücke rissen. Das war mir eine Lektion. Seitdem halte ich mich vom Bund der Gerechten lieber fern.

JOHNSON Können wir uns nicht über etwas Angenehmeres unterhalten?

DUNN *zu Sanders* Entschuldigen Sie bitte, Mr Sanders, Sie haben doch gerade über das Reich Gottes gesprochen, das erinnert mich an einen Traum, den ich letzte Nacht hatte.

JOHNSON Diese wundervollen Gefängnisbetten bescheren uns so allerhand Albträume.

DUNN Es war kein Albtraum, Sir. Auf höchst seltsame Art war er sogar schön, würde ich sagen.

SCOTT Herrjemine, müssen wir uns jetzt auch noch einen Traum anhören?

DUNN Ich würde Sie mit keinem gewöhnlichen Traum langweilen, Sir. Aber er war wirklich besonders.

SCOTT *wendet sich an Mrs Thornton* Schade, dass Sie nicht Ihr Traumdeutungsbuch dabeihaben, sonst könnten wir nachschlagen.

MRS THORNTON Geben Sie nichts auf die, Mr Dunn. Ich höre mir gerne Ihren Traum an.

DUNN Er ist gar nicht so leicht wiederzugeben. Da war auch eine Jury. Wir alle, wie wir sind, aber verkleidet, und doch kam es mir so real vor, dass es mir den ganzen Tag über schien, als seien wir hier und jetzt verkleidet. Wissen Sie, was ich meine?

SCOTT Nein, aber macht nichts.

DUNN Es muss im Himmel gewesen sein. Weil alle Wände aus gleißend hellen Wolken bestanden, und die Stühle waren goldene Hocker, zwölf an der Zahl.

SANDERS Klingt interessant. Also waren wir alle dort?

DUNN Ja, Sir. Alle außer einem. Und Sie waren wieder Juryvorsitzender und zugleich waren Sie Petrus, und Sie trugen ein Schlüsselbund an Ihrer Hüfte. Sie haben versucht, für Ruhe zu sorgen, weil alle durcheinander geredet haben.

SANDERS *zufrieden* Also war es im Himmel gar nicht so viel anders.

*Dunn ist ganz in seine Erzählung versunken, während die anderen sich darüber lustig machen.*

DUNN Es war aber auch eine äußerst seltsame Jury. Miss Mead trug einen langen blauen Schleier. Sie war sehr blass und sah traurig aus. Sie war Maria, die Mutter Gottes, wissen Sie.

SCOTT *amüsiert* Aber woher wussten Sie denn, wer wer ist? Haben Sie sich das nicht im Nachhinein zurechtgelegt?

DUNN  Aber nein, Sir. Ich sage Ihnen alles genau, wie es war, ohne etwas hinzuzufügen. Aber Sie merken ja, es war alles so klar, dass es keiner Erklärung bedurfte.

JOHNSON  Dann sagen Sie doch mal, wer Mr Scott gewesen ist.

DUNN  Er war Josef. Ein bisschen seltsam, wie ich fand. Er redete viel und erzählte eine Anekdote nach der anderen. Er trug eine merkwürdige Kopfbedeckung und ein wertvolles Gewand aus schwerer Seide. Es raschelte bei jeder seiner Bewegungen, was ihm zu gefallen schien.

JOHNSON  *sehr zufrieden* Nicht übel.

FOSTER  Und diese wundervolle Dame *zeigt auf Miss Cadell* war bestimmt Potiphars Frau.

DUNN  Oh nein, ich dachte, ich hätte es bereits erwähnt. Miss Cadell war Maria Magdalena.

SCOTT  Donnerwetter, das passt!

DUNN  Sie hatte sehr langes Haar, das bis zum Boden reichte, und sie kämmte es unentwegt. Petrus schimpfte mit ihr, er sagte, das sei eigentlich nicht der Ort, um sich die Haare zu machen, aber sie fand, sonst bleibe es nicht schön und geschmeidig.

*Miss Cadell ist leicht beschämt, aber lächelt trotzdem. Alle sind amüsiert.*

DUNN  Mr Foster war eine Art Verwaltungsengel. Er hatte einen weißen und einen schwarzen Flügel und schrieb die ganze Zeit mit einem riesigen Füller. Und er betonte, wie wichtig es sei, dass nichts in Vergessenheit gerate, was ein Mensch je gesagt oder getan hat.

*Die allgemeine Erheiterung nimmt weiter zu. Mrs Thornton, die bisher konzentriert zugehört hat, kann jetzt auch nicht mehr an sich halten.*

MRS THORNTON  Und was ist mit mir?

DUNN  *etwas beschämt* Es ist eigenartig, aber ich fürchte, Sie waren niemand Spezielles. Sie waren einfach Mrs Thornton, wurden aber nur Sankt Thornton genannt. Sie haben die ganze Zeit über an einer kleinen Silbersocke gestrickt. *Tröstend.* Aber Sie hatten auch Flügel und einen Heiligenschein.

*Sie ist sehr enttäuscht.*

SCOTT  Ich würde gerne wissen, wer Mr Johnson gewesen ist.

DUNN  Er war Jonas.

SCOTT  Warum, ist klar, da hat Sie der Name drauf gebracht.

DUNN  *zu Johnson* Aber das Erstaunliche, Sir, war, dass Sie immerzu behaupteten, Sie hätten den Wal verschluckt und nicht umgekehrt.

*Brüllendes Gelächter.*

SCOTT  Nicht übel, muss ich zugeben.

JOHNSON  Ich finde es ein bisschen übertrieben.

DUNN  Mr Cook war der Erzengel Gabriel. Er hatte eine Trompete und wollte sie unbedingt spielen, aber Petrus sagte, dass er das erst dürfe, wenn alle da seien. Darüber war er sehr enttäuscht. *Fährt fort, während alle lachen.* Und dann war da Mr Kingsley, der ein purpurnes Gewand trug und Perlenschnüre in seinem Bart. Er wirkte recht finster und eingebildet und redete mit niemandem. Er war König Salomon. Mrs Thornton allerdings meinte, dass er nicht so großspurig tun solle, wo er sich doch in Rechtsfragen so gut auskenne. Er aber sagte nur, er werde erst dann sprechen, wenn die Zeit gekommen sei.

FOSTER *schaut zu Kingsley, der keine Notiz von Dunns Geschichte nimmt* Das ist etwas, worauf man sich freuen darf.

DUNN Und dann war da noch Mr Bradley, mit freiem Oberkörper. Er war Johannes der Täufer. Er war sehr dünn. Man konnte jede einzelne Rippe unter seiner Haut erkennen, und er wirkte äußerst besorgt. »Wir können doch nicht untätig zusehen«, sagte er immerzu.

JOHNSON Bei was zusehen?

DUNN Ich weiß nicht, Sir. Ich weiß nur, dass wir alle auf Mr Smith warteten. Aber er war nicht einfach Mr Smith, sondern auch noch jemand anderes, doch ich weiß nicht, wer. Sie wissen ja, wie seltsam Träume sind. Ich war auch ich selbst, und zugleich Abel, schon ermordet und trotzdem einer der Geschworenen, die über Kain zu urteilen hatten.

SCOTT Jetzt wird es kompliziert.

DUNN Ja, Sir, ich weiß, und doch war alles glasklar. Der Angeklagte war nicht im Raum, aber ich wusste, dass er uns durch die Gitter hindurch zusah. Es war Taylor, aber im Traum war es Kain. Und wir alle warteten auf Mr Smith.

SCOTT War's das?

DUNN Nicht ganz, Sir. Mrs Thornton sagte, dass sie keinen Sinn darin sehe, eine Jury einzuberufen, um über etwas zu richten, was vor Tausenden von Jahren passiert ist, und dass es unnütz sei, jetzt so viel Aufhebens davon zu machen. Doch Miss Mead, Maria, meine ich, rief: »Aber sehen Sie denn nicht, dass es wieder passiert, genau in diesem Moment? Es muss ein Ende haben.« Alle pflichteten ihr bei, doch niemand wusste, wie. Petrus sagte, dass ja versucht worden sei, dem mit Gesetzen Einhalt zu gebieten, aber das habe nicht geholfen. Während er sprach, stand Maria Magdalena auf und ging zu Josef. Sie legte ihm beide Hände auf die Schultern und flüsterte: »Bitte, kannst du nicht etwas tun? Du bist im Ausland gewesen und viel herumgekommen.« Mr Josef dachte einen Moment nach und sagte dann, dass Mrs Thornton vielleicht aufhören könnte zu stricken.

SCOTT  Gar keine schlechte Idee.

DUNN  *fährt fort* Aber Mrs Thornton wurde sehr wütend. Sie fand: »Willst du denn, dass seine kleinen Füßchen sich an Kieseln und Dornen verletzen?« Und sie strickte weiter, schneller noch als zuvor. Also bat Maria Magdalena Josef, sich etwas anderes einfallen zu lassen, und er schlug vor, dass Mr Foster aufhören könnte, Buch zu führen. Und alle baten ihn darum, denn wenn nichts mehr aufgeschrieben würde, wäre alles vergeben und vergessen, und es gäbe keinen Grund für weitere Bestrafungen. Aber der Verwaltungsengel sagte, das sei der größte Blödsinn, den er je gehört habe. Das würde nur zu Unrecht und Chaos führen, ohne Hoffnung, die Dinge je wieder in den Griff zu bekommen, und es sei jetzt auch nicht der Moment für Josefs Märchen und Witze. Worauf sich Josef entschuldigte und sagte, dass er nur deshalb Witze gemacht habe, weil er die Wahrheit doch auch nicht kenne, und alle verstummten, einzig Mr

Cook fragte, ob er denn jetzt Trompete spielen dürfe, aber Petrus sprach: »Nein.« In diesem Moment stand König Salomon auf und sagte in einem ziemlich harschen Ton: »Selbstverständlich ist Buchführung wichtig, aber hier liegt ein grober Buchungsfehler vor.« Das verletzte Mr Foster sehr. Er hatte eine äußerst seltsame Art, das zu zeigen, und versteckte seinen Kopf unter dem schwarzen Flügel. So etwas hatte noch nie jemand zu ihm gesagt, und wenn doch König Salomon besser Buch führen könne, warum mache er es dann nicht selbst? Alle waren sehr erpicht darauf, zu erfahren, worin der Fehler bestand, aber Salomon wandte sich ab und schaute beleidigt drein, ohne ein weiteres Wort zu verlieren.

FOSTER Da hatte seine Weisheit offenbar ein Ende.

DUNN *ungeduldig* Er konnte es nicht wissen, Sir. Ich meine, in meinem Traum konnte er es nicht. Verstehen Sie, da waren nur zwei Personen, die es wussten, Kain und ich. Aber ich konnte nichts sagen, weil ich tot war, und Kain nicht, weil er der Mörder war und niemand ihm geglaubt hätte. Und das Schlimme war, dass es deshalb auf ewig so weitergehen würde.

JOHNSON Das ist echt ziemlich verworren.

DUNN Wenn ich Ihnen nur sagen könnte, wie klar alles schien. Wissen Sie, ich war nicht richtig tot, jedenfalls nicht mehr als die anderen Geschworenen, nur dass ich nicht sprechen konnte. Kain war kein Mörder. Etwas war uns beiden zugestoßen. Etwas, von dem wir nichts wussten. Aber wir waren vorher Brüder gewesen und sind es geblieben. Wenn ich nur hätte erklären können, was geschehen war.

SCOTT Das ist alles so wirr wie ein Formular zur Einkommenssteuererklärung.

JOHNSON Aber was zum Teufel ist denn passiert?

FOSTER  Was ist mit dem Fehler auf meinem Konto?

MISS MEAD  Lassen Sie Mr Dunn doch weitersprechen.

DUNN  Wissen Sie, auch im Himmel war ich Postbote.
Ich musste stapelweise Briefe mit roten und blauen Siegeln zustellen. Ich habe das sehr gerne gemacht. Und
dann kam eines Abends Kain zu mir. Etwas war seltsam an ihm. Er hüpfte herum und lachte und wirbelte
um mich her, sodass mir ganz schwindelig wurde. Ich
war außer Atem und wusste nicht, was er als Nächstes anstellen würde. Er war so aufgekratzt. Immer
wenn er so war, hätte ich mich am liebsten vor ihm
versteckt. Aber so, wie an diesem Abend, hatte ich ihn
noch nie erlebt. Beiläufig reichte er mir einen Brief, als
wäre das nichts Ungewöhnliches. War es aber. Menschen schrieben in jenen Tagen keine Briefe. »Das ist
Kains Siegel«, sagte er. »Bring diesen Brief zu Gott.«
Ich schaute ihn mir an. Darauf war ein schwärzliches
Siegel aus einfachem Lehm. Er muss sehr lange dafür
gebraucht haben, mit seinen zwei linken Händen, aber
im Vergleich zu den schönen roten und blauen Siegeln
der Engel sah es dürftig aus. Es gefiel mir nicht.

MISS MEAD  Was stand in dem Brief?

DUNN  Ich weiß es nicht, das hat er mir nie erzählt. Aber
es war ihm verdammt wichtig. Dieses Siegel, wissen
Sie. Es war sehr grob und ungleichmäßig und wirklich alles andere als akkurat, die Ränder waren brüchig und es stellte eine Art Figur dar, aber unkenntlich. Und überall hatte er kleine Dreckflecken und
Fingerabdrücke hinterlassen. Er hatte ganz gewöhnlichen Lehm benutzt, und es war alles klumpig und
weich, wie eine Art Kleister, und schmuddelig braun.

*Wachsende Ungeduld unter den Zuhörenden.*

SANDERS Sie müssen wirklich die unwichtigen Details beiseitelassen.

JOHNSON *seufzend* Und alles andere auch, würde ich vorschlagen.

FOSTER Der verschluckte Wal ist Ihnen wohl auf den Magen geschlagen.

SCOTT Dem Tier wird die biblische Version auch lieber gewesen sein.

MISS MEAD *zu Dunn* Gab es eine Antwort auf den Brief?

SCOTT *sarkastisch* Ja, das müssen Sie uns unbedingt noch verraten.

*Dunn bemerkt die Ironie nicht, vergräbt sein Gesicht für einen Moment in den Händen, fährt dann immer aufgewühlter fort.*

DUNN Nein. Es geschah etwas Schreckliches. So etwas war mir noch nie passiert, auch nicht im echten Leben … Ich habe den Brief verloren. Ich weiß nicht, wie. Ich habe ihn überall gesucht. Jeden Stein habe ich umgedreht. Es war furchtbar. Nicht nur, weil ich Angst hatte, wegen meiner Nachlässigkeit rausgeworfen zu werden, da war noch etwas Schlimmeres. Bis dahin hatte ich nicht begriffen, wie viel es Kain bedeutete. Mehr als sein Leben, seine ganze Seele hatte er mir anvertraut, und ich hatte sie verloren. Sie sehen also, Gott hat Kains Nachricht nie erhalten, er wies seine Opfergaben zurück, und Kain kam zu mir und erschlug mich.

*Stille. Manche sind leicht berührt, andere entgeistert ob Dunns Ergriffenheit, ohne zu wissen, wie sie sich verhalten sollen.*

DUNN *fährt leiser fort* Im Geschworenenzimmer herrschte eine furchtbare Stille, man konnte jeden Atemzug hören. Kein Laut mehr, außer dem Klimpern von Mrs Thorntons Stricknadeln. Verzweifelt versuchte ich zu sprechen, das zu sagen, was ich gerade eben Ihnen gesagt habe, aber ich konnte nicht. Mir lief der kalte Schweiß herunter, mein Mund war trocken und meine Hände zitterten. Als dann die Anspannung so groß war, dass ich dachte, ich ertrage es nicht mehr, nahm Mr Cook seine Trompete und blies hinein. Da ertönten draußen Engelsstimmen, so süß wie ein Knabenchor, aber schöner als alles, was ich je gehört hatte. Alle erhoben sich und begannen zu singen, nur ich konnte nicht. Ich war außen vor. Und dann kam Mr Smith, sein Gesicht leuchtete, aber er sah sehr müde aus und sein Heiligenschein war heruntergerutscht wie ein alter Hut, der einem zu weit geworden ist, weil man abgemagert ist vor lauter Strapazen. Und plötzlich war es, als hätte mich etwas direkt ins Herz getroffen. Ich entdeckte einen Brief in Mr Smiths Hand. Das Singen draußen wurde immer lauter, Trompeten und Harfen stimmten mit ein, und auch mein Herz begann zu singen wie etwas Lebendiges, wie ein Vogel. *Während dieser letzten Sätze hört man von draußen ein Stimmengewirr.* Und zugleich war es, als wollte etwas aus meiner Brust springen und mich in Stücke reißen. Es tat so schrecklich weh. Das war mein Brief, Kains Brief, meine ich, und da wusste ich, dass er zugestellt werden würde, dass Gott ihn verstehen und Taylor freisprechen würde.

*Die Stimmen von draußen werden lauter.*

SCOTT  Da haben Sie Ihren Engelschor.

BRADLEY *scharf* Das ist nicht lustig.

SCOTT *steht auf, zu Bradley* Der Traum ist vorbei, Johannes, Sie können den Heiligenschein jetzt wieder im Schrank verräumen.

MISS MEAD Sie hatten einen sehr schönen Traum, Mr Dunn.

*Smith steht plötzlich auf, scheint etwas sagen zu wollen, lässt es aber sein. Er ist ziemlich überwältigt und geht zurück an seinen angestammten Platz, dem Sessel am Bühnenende. Für einen Moment herrscht unangenehme Stille.*

JOHNSON Jetzt geht das wieder los.

MRS THORNTON Holen Sie ihm besser etwas Wasser.

*Bradley geht raus.*

SANDERS Lassen Sie ihn einfach in Ruhe. Er wird schon wieder. *Schaut auf seine Uhr, besorgt* Wie die Zeit vergeht.

FOSTER *zu Smith* Mr Dunn hat Ihnen in seinem Traum den schmeichelhaftesten Part überlassen, finden Sie nicht?

*Smith antwortet nicht. Bradley kommt mit einem Glas Wasser zurück.*

MISS MEAD *zu Foster* Können Sie Mr Smith nicht mal in Ruhe lassen?

BRADLEY Möchten Sie ein Glas Wasser, Sir?

SMITH Nein, danke.

*Dunn steht verloren da und schaut zu Smith. Die Stimmen von draußen werden lauter.*

*Miss Cadell, Johnson und
Scott sind zum linken Fenster gegangen.*

MISS CADELL Die Leute
werden ungeduldig.

JOHNSON Was erwarten
die?

SCOTT Das gemeine Volk
wird kaum verstehen,
warum das Gericht für
einen so eindeutigen
Fall derart lange
braucht.

MRS THORNTON Die brül-
len wie die Tiere.

COOK Als kleiner Junge
habe ich die seltsame
Erfahrung gemacht,
von einer Kuh verfolgt
zu werden. Als sie dann
nur noch wenige Zenti-
meter von meiner Hose
entfernt war, drehte sie
sich plötzlich um und
ging fort. Ich habe nie
verstanden, warum.

FOSTER Sie wird schon
ihre Gründe gehabt
haben, denke ich.

*Der Gerichtsdiener tritt ein.*

SCOTT He, da ist ja mein alter Freund.
GERICHTSDIENER *zu Sanders* Das Gericht findet sich
wieder zusammen, Herr Vorsitzender. Die Geschworenen machen sich besser bereit.
SANDERS Wir sind gleich so weit.

*Geht zum Kamin und spitzt dort seinen Bleistift auf dem Sims. Allgemeine Geschäftigkeit und Betriebsamkeit.*

JOHNSON *zeigt zum Fenster* Was soll der ganze Lärm?

GERICHTSDIENER *schließt verächtlich das linke Fenster* Alles, was die interessiert, *unterbricht sich und blickt beiläufig zu Scott* ist ein bisschen Klamauk und kostenlose Unterhaltung. Ganz gleich, ob es ein rollender Ball ist oder ein hängender Mensch, solange sie nur ihren Spaß haben. *Sammelt die Teetassen ein.*

MISS MEAD *geht zu Sanders an den Kamin* Mr Smith kann nicht mit zurück. Vollkommen ausgeschlossen. Er ist krank.

SANDERS Das ist höchst misslich.

MISS MEAD Schauen Sie ihn sich doch an. Er wird zusammenbrechen, noch ehe wir wieder im Gerichtssaal sind.

*Mrs Thornton ist aufgestanden und packt ihr Strickzeug zusammen.*

SANDERS Es ist eine verfahrene Situation. Ich weiß wirklich nicht, was tun. Was sollen wir Seiner Ehren sagen?

JOHNSON Nun heißt es für eine Weile von der Socke Abschied nehmen.

MRS THORNTON Fehlen
nur noch die Zehen.

*Mrs Thornton steckt die
Socke in ihre Tasche und
geht rechts ab.*

SCOTT *zu Johnson* Sie
geben sich besser auch
noch den letzten Schliff.

JOHNSON *wirft sich traurig
seinen Mantel über und
knöpft seinen Kragen
an* Zurück an die harte
Arbeit. *Geht rechts ab.*

*Sanders geht zum Tisch, nimmt ein Buch und beginnt darin
zu blättern, als suche er etwas.*

SCOTT *geht zum Kamin, nimmt die Zeitung, die Bradley auf dem Sims hat liegen lassen, und reicht sie dem
Gerichtsdiener* Ich nehme an, das gehört Ihnen. Ich
fürchte, wir haben unrechtmäßig Gebrauch davon gemacht. *Geht ab.*

FOSTER *zu Miss Cadell, die gerade gehen will* Wie wäre
es mit einer kleinen Friedenspfeife?

MISS CADELL Tut mir leid, ich rauche nur Zigaretten.
*Geht rechts ab.*

FOSTER *wendet sich an Bradley* Wir gehen, scheint's, ge-
meinsam unter. *Geht ab.*

GERICHTSDIENER *geht zum rechten Fenster, zu Kingsley*
Entschuldigen Sie, Sir. Ich muss das Fenster schließen.

*Kingsley steht auf, geht zum Tisch und kritzelt dort weiter.*

SANDERS Ich kann nichts finden, das auf unsere Situation anwendbar wäre. Höchst unangenehm.

MISS MEAD Aber es muss doch einen Ausweg geben.

*Der Gerichtsdiener hat die Fenster geschlossen. Der Raum ist wieder abgedunkelt wie zu Beginn. Smith steht mühevoll auf. Miss Mead geht auf ihn zu.*

MISS MEAD *zu Smith* Mr Smith, seien Sie vernünftig. Sie können nicht zurück in den Gerichtssaal. Sie sind krank.

KINGSLEY Vielleicht können wir einen Antrag stellen, dass auch ein Votum von elf Geschworenen genügt. Ich weiß, so etwas wurde schon mal gemacht.

GERICHTSDIENER *kommt zum Tisch* Nicht bei einem Mordfall, Sir. In den dreißig Jahren, in denen ich die Ehre habe, bei Gericht zu dienen, hat es das noch nie gegeben. Das Gesetz sieht zwölf Geschworene vor, und also müssen es auch zwölf Geschworene sein.

KINGSLEY *sarkastisch* Ich bin sicher, Sie wissen es am besten.

SANDERS Gut, damit hat es sich erledigt, was?

COOK Das ist wirklich ein denkbar unglückliches Dilemma. Wir müssen auf jeden Fall vermeiden, dass es auf Kosten der Steuerzahler zu einem Wiederaufnahmeverfahren kommt.

SMITH *mit plötzlichem Elan* Ich werde es schon schaffen. Keine Sorge. Ich habe dieses Amt übernommen und gedenke es auch auszufüllen. *Mit einem entschuldigenden Lächeln.* Es wird keine weiteren Zwischenfälle mehr geben. *Zu Miss Mead* Danke.

SANDERS Eigentlich sollten wir Ihnen das wirklich ersparen, Mr Smith, aber ich fürchte, es ist die einzige Lösung. Ich bin mir jedoch sicher, dass die Verhandlung sich nicht mehr lange hinziehen wird.

*Allgemeiner Aufbruch. Alle versammeln sich wieder in dem Raum.*

MISS CADELL *setzt ihren Hut auf* Warum in aller Welt wurde denn das Fenster geschlossen?

SCOTT Oh, damit der Geist des 14. Jahrhunderts nicht entfleucht.

GERICHTSDIENER Zeit, in den Gerichtssaal zurückzukehren, Herr Vorsitzender.

SANDERS Gut, lassen Sie uns also weitermachen.

SCOTT Los, Kinder, schön in Zweierreihen. Geschworener Nummer 1, Geschworener Nummer 2, und so weiter, und so fort.

*Dunn und Cook gehen zur linken Tür, stellen sich vor dem Gerichtsdiener auf. Johnson und Miss Mead tun es ihnen gleich. Bradley und Mrs Thornton ebenso. Scott und Miss Cadell bilden das vierte Paar. Sie reihen sich in die Schlange ein. Dann kommen Foster und Smith.*

SANDERS Kommen Sie, Mr Kingsley? Weiter geht's, meine Damen und Herren.

*Die Jury geht durch die linke Tür ab.*

KINGSLEY Ja ... ich komme gleich nach.

*Alle außer Kingsley haben den Raum verlassen. Für einen kurzen Moment schreibt er noch weiter. Dann kehrt Miss Cadell zurück, drückt sich auf der Türschwelle herum, schaut ihn an und geht schließlich zum Kaminsims.*

MISS CADELL *mit dem Rücken zu Kingsley* Wie dumm von mir, ich habe meine Tasche vergessen.

*Sie nimmt sie vom Kaminsims und beginnt sich die Nase zu pudern, ihm immer noch den Rücken zugewandt. Kingsley schaut sie einen Moment lang an, steht dann langsam auf, geht zum Kamin und bleibt hinter ihr stehen.*

KINGSLEY  Wie wäre es morgen mit einem Abendessen? *Legt seine Hände auf ihre Schultern, dreht sie herum. Miss Cadell schaut ihn an, unsicher, ob sie empört tun oder lächeln soll. Sie haben doch morgen Abend Zeit, oder?*
MISS CADELL  *beantwortet seine Frage* Ja.
KINGSLEY  Three Crowns. Acht Uhr?

*Foster kommt durch die linke Tür zurück. Steht einen Moment lang da und hört zu. Der Gerichtsdiener kommt herein, schiebt sich an ihm vorbei, worauf Foster schnell wieder in den Gerichtssaal geht.*

KINGSLEY  *bemerkt den Gerichtsdiener, seine Haltung ändert sich augenblicklich* Ich denke, es ist Zeit zurückzugehen, Miss Cadell.

*Miss Cadell geht links ab, Kingsley folgt ihr. Der Gerichtsdiener lässt sie, mit ungerührtem Gesichtsausdruck, passieren. Er geht zum Tisch, rückt die Stühle ran, Verachtung steht ihm ins Gesicht geschrieben. Stimmengewirr und Geräusche dringen aus dem Gerichtssaal. Die Tür ist geöffnet wie zu Beginn der Szene.*

GERICHTSDIENER  Und das sind die, die über ihre Mitmenschen richten. *Blickt zum Gemälde.* Lieber würde ich von solchen wie ihm gehängt als von denen freigesprochen.

*Vorhang.*

## 2. Akt

*Derselbe Raum. Der Tisch steht jetzt im vorderen Bühnen-*
*bereich, so als wäre die Kamera näher an das Geschehen*
*herangefahren. Die Geschworenen sitzen um den Tisch.*
*Währenddessen dreht sich der Tisch sehr langsam und un-*
*merklich. Sobald eine Person in den Mittelpunkt der Auf-*
*merksamkeit rückt, sitzt er oder sie am Kopfende des Ti-*
*sches mit Blick zum Publikum, bis schlussendlich Smith*
*diese Position besetzt. Es ist früher Abend, das Licht blen-*
*det langsam aus, bis es fast dunkel ist, sodass der Gerichts-*
*diener bald kommen wird, um die Lampen anzuzünden.*
*Das Gespräch ist schon seit einer Weile im Gange.*

SANDERS Meine Damen, meine Herren, ich darf Sie
noch einmal an das Schlussplädoyer Seiner Ehren
erinnern. Erlauben Sie mir, die Worte Seiner Ehren
zu rekapitulieren? *Zitiert.* »Es hat kaum jemals einen
Fall gegeben, bei dem so gut wie nichts der Phantasie der Geschworenen überlassen geblieben ist. In
den meisten Fällen müssen sie sich mit Indizien be-
gnügen, die darauf hindeuten, dass womöglich ein
Mord begangen wurde. In den seltensten Fällen liegen der Jury zwei Aussagen von Zeugen vor, die den
Mord beobachtet haben. Der Angeklagte hatte einen
fairen Prozess. Wenn die vorliegenden Beweise, dass
Blanche Taylor von dem Angeklagten ermordet
wurde, Sie dennoch nicht überzeugt haben, wenn
Sie einen Unfall nicht gänzlich ausschließen können, dann müssen Sie den Angeklagten freisprechen.
Wenn Sie aber glauben, dass die Zeugen, die Sie gehört haben, vollständig und wahrheitsgemäß ausgesagt haben, so ist es Ihre Pflicht, ihn des vorsätzlichen Mordes schuldig zu sprechen. Bedenken Sie

die Beweislage gründlich und gewissenhaft. Ich bin sicher, das werden Sie.«

SCOTT Was für ein Erinnerungsvermögen, Herr Vorsitzender – das reinste Elefantengedächtnis!

*Sanders ist sichtlich geschmeichelt.*

KINGSLEY *unterbricht* Da alles klar auf der Hand liegt, gibt es keinen Grund, weitere Zeit zu verplempern.

JOHNSON Dann lassen Sie uns diese verdammte Angelegenheit so schnell wie möglich über die Bühne bringen.

MISS CADELL Ich verstehe gar nicht, warum wir überhaupt noch einmal zusammenkommen mussten.

SANDERS Ich nehme also an, dass wir uns alle einig sind. Ich wiederhole nochmals die Frage, die uns vorgelegt worden ist. »Halten Sie den Angeklagten des Mordes für schuldig oder für nicht schuldig?« Mr Scott?

SCOTT Schuldig.

SANDERS Mr Johnson?

JOHNSON Schuldig.

SANDERS Mr Dunn?

DUNN Einen Moment, Sir. Da ist etwas, das ich nicht ganz verstehe. Darf ich?

SANDERS Sie dürfen jede Frage stellen, die Ihnen beliebt, Mr Dunn.

DUNN Der Verteidiger hat uns in seinem Plädoyer aufgefordert, über Totschlag zu befinden, über Totschlag, nicht mehr. Und jetzt sollen wir darüber entscheiden, ob Taylor des vorsätzlichen Mordes schuldig gesprochen wird.

SANDERS *würdevoll* Eine sehr berechtigte Frage, Mr Dunn, aber Sie müssen verstehen: Weil sein Fall vollkommen aussichtslos war, hat der Verteidiger sich auf eine aberwitzige Theorie verstiegen und versucht, die Umstände so hinzubiegen, dass sie den Tatbestand des Totschlags erfüllen. Selbstverständlich hat Seine Ehren dies für völlig absurd und nicht der Rede wert befunden. Seine Aufgabe ist es, uns anzuleiten, und ich nehme an, es besteht kein Zweifel daran, dass er dies sehr klar und unvoreingenommen getan hat. Daher denke ich, wir sollten uns streng auf die Frage konzentrieren, die uns gestellt worden ist. Ist Taylor des vorsätzlichen Mordes schuldig oder nicht?

JOHNSON Hört, hört.

DUNN Entschuldigen Sie bitte, ich bin vielleicht etwas schwer von Begriff, ich weiß. Aber Sie erinnern sich doch, dass der Verteidiger gesagt hat, Taylor sei nach den vielen strapaziösen Wochen nicht voll zurechnungsfähig gewesen. Ich konnte nicht ganz folgen, was genau die Kriterien für Totschlag sind. Das alles war sehr verwirrend.

SANDERS *etwas ungeduldig* Aber es gibt keinen Grund, die rechtlichen Argumente jetzt noch einmal alle durchzugehen. Es wurde eindeutig bewiesen, dass das auf den vorliegenden Fall nicht anwendbar ist.

MISS MEAD Ich glaube nicht, Herr Vorsitzender, dass Mr Dunns Frage damit zur Genüge beantwortet ist. Das Argument des Verteidigers war, wenn ich nicht irre, dass sich Taylor, wenn auch nicht psychisch krank, so doch in einem Zustand befunden hat, der das Tötungsdelikt abschwächt zu einem, das »nicht mit jenen schuldhafteren, heimtückischen Formen gleichzusetzen ist, die auf Mord hinauslaufen«.

SCOTT *sarkastisch* Sie haben vergessen, *mens rea* zu erwähnen. Ich glaube, das hätte es noch verständlicher gemacht.

JOHNSON  Wir müssen gewiss nicht noch mal in alle Details gehen.

MRS THORNTON  Ich habe eh nur Bahnhof verstanden.

BRADLEY  Aber das ist von größter Wichtigkeit. Es ist Taylors einzige Chance. Wir haben keine Beweise dafür, dass es vorsätzlicher Mord gewesen ist, seinen Drohungen und Vorkehrungen zum Trotz.

KINGSLEY  Ich glaube, der Richter hat dazu abschließend alles gesagt. »Es ist ganz unerheblich, ob ein Mord Monate, Wochen oder Minuten vor der Tat geplant wurde. Die einzig relevante Frage ist: Hat der Angeklagte unrechtmäßig den Tod seiner Frau herbeigeführt, und wenn ja, hat er es mit Absicht getan?«

DUNN  Aber Sir, es kann doch auch so sein, wie der Verteidiger gesagt hat, und Taylor war in einer furchtbaren geistigen Verfassung. Ich kann es gerade leider nicht im Wortlaut wiedergeben.

MISS MEAD *springt ein* Ich glaube, ich erinnere mich. »Trotz aller Zeugenaussagen wissen wir nicht, was sich auf der Klippe zugetragen hat. Ich bitte Sie, Taylor nicht nach den Buchstaben des Gesetzes zu beurteilen, sondern nach den ungeschriebenen Gesetzen, die jeder Mann und jede Frau im Herzen trägt.«

SCOTT  Bei allem Respekt vor dem leidenschaftlichen Plädoyer des Verteidigers, es gibt, wie auch Seine Ehren sagte, kein ungeschriebenes Gesetz.

JOHNSON  In diesem Land existiert kein Verbrechen aus Leidenschaft, wie in Frankreich.

FOSTER  Besitzen wir denn überhaupt Leidenschaft?

SANDERS  Ich darf noch einmal an die Mahnung Seiner Ehren erinnern: »Sie sind einberufen worden, um einzig und allein nach den Gesetzen dieses Landes zu urteilen, beruhend auf seiner Rechtstradition.«

FOSTER Eine schöne Tradition, die viele unschuldige Menschen an den Galgen gebracht hat.

MISS MEAD Niemand glaubt doch an Taylors Unschuld, aber müssen wir ihm aus dem Gesetz wirklich einen Strick drehen, um ihn daran aufzuhängen?

BRADLEY Wir können nicht über ihn urteilen, ohne uns die Mühe zu machen, ihn zu verstehen. Vielleicht gibt es mildernde Umstände.

DUNN Er muss verzweifelt gewesen sein.

JOHNSON Man kann für alles eine Erklärung finden, oder nicht? Wenn ich Sie mit meinem Brieföffner ersteche, so wäre das aus purer Verzweiflung, aber auch ich würde dafür gehängt werden.

MRS THORNTON Wenn jemand sein Schicksal verdient, dann Taylor. Und mit diesem ganzen Gerede bringen Sie nur alles durcheinander.

COOK Ich muss auch sagen, dass alles eindeutiger schien, bevor wir angefangen haben zu diskutieren.

SANDERS Wenn das so ist, erlauben Sie mir bitte, in wenigen Worten alles zusammenzufassen, um den Sachverhalt zu klären. Ich habe mir ein paar Notizen gemacht, die uns dabei helfen werden, den Fakten wieder zu ihrem Recht zu verhelfen.

SCOTT Muss das wirklich sein?

JOHNSON Ich habe die Nase voll von diesen Fakten.

SANDERS Ich bin mir sicher, diese Methode wird alles abkürzen und uns in die Lage versetzen, ein einstimmiges Urteil zu fällen.

JOHNSON Auf, auf, sagte der Hase, als das Gewehr losging.

SANDERS *in seinem Element* Das erste Kapitel der Tragödie. Taylor, ein einsamer 39-jähriger Mann, angestellt als Börsenmakler und bei den Kollegen nicht sonderlich beliebt, verliebt sich unsterblich in eine schöne, aber unbegabte junge Schauspielerin, die ihn zur Überraschung aller heiratet.

SCOTT Das ist ja schon das erste Verbrechen.

SANDERS *ohne sich beirren zu lassen* Zweites Kapitel. Schon von Anfang an gestaltet sich die Ehe der Taylors schwierig. Er wünscht sich ein ruhiges, häusliches Leben, doch sie hat sich in den Kopf gesetzt, Filmstar zu werden. Taylors Eifersucht nervt sie und macht sie wütend. Er macht ihr sogar Vorwürfe, als sie sich von einem jungen Künstler, Mr Walker, porträtieren lässt. Und sie führt ein extravagantes Leben, weit über seine Verhältnisse. Er beginnt zu spielen, verliert Unmengen an Geld, verschuldet sich und gelangt an einen wirklich kritischen Punkt, als er 800 Pfund, die er bei seinem Arbeitgeber veruntreut hat, nicht mehr zurückerstatten kann. In seiner Verzweiflung vertraut er sich seiner Frau an. Sie schafft es irgendwie, das Geld aufzutreiben, und erzählt ihm, ihre Schwester habe es ihr gegeben. Von ihr finanziell abhängig zu sein, demütigt ihn und macht es ihm nur desto schwerer, sich durchzusetzen. Natürlich sucht sie in seiner Schwäche ihren Vorteil und lebt zunehmend ihr eigenes Leben, ohne sich um ihren Mann zu scheren.

MRS THORNTON Ich finde, es war ihr gutes Recht, ein bisschen Spaß zu haben, mit so einem schmollenden Karpfen als Mann.

SANDERS Seien Sie doch so gut und lassen Sie mich die Geschichte weitererzählen. Ich komme zum dritten Kapitel. Taylor engagiert einen Detektiv, um seiner Frau nachzuspionieren. Er erfährt von den Treffen mit dem mysteriösen Mr X, den fortwährenden Sitzungen mit Mr Walker, und weiß durch Miss Barnes, dass nur ein Teil des Geldes von der Schwester stammt. Die Eifersucht übermannt Taylor, in blinder

Wut stürmt er zum Atelier des Malers und verprügelt dort einen Mann, den er fälschlich für Mr Walker hält. Dann droht er damit, seine Frau umzubringen, und macht sich erwiesenermaßen auf den Weg, um einen Revolver zu kaufen.

FOSTER  Also muss er vergessen haben, sie zu erschießen.

SANDERS  Das letzte Kapitel des Dramas ist der tödliche Sonntag. Walker fährt Mr und Mrs Taylor in seinem Auto zum Devils Cliff. Wir haben die Schilderungen von dem verhängnisvollen Spaziergang und von Taylors Wutausbrüchen gehört. Er schlug vor, eine Runde um das Kliff zu schwimmen und dann zur Insel zu rudern. Seine Frau bestand darauf, spazieren zu gehen. Taylor ermutigte sie, eine Grasnelke zu pflücken, die an einem gefährlichen Felsvorsprung wuchs. Mr Walkers Warnungen zum Trotz kletterte er mit ihr hinunter. Was wir als Nächstes wissen, ist, dass beide ins Straucheln gerieten. Mrs Taylor schrie, stürzte auf den 100 Meter tiefer gelegenen Strand und war auf der Stelle tot. Diese Vorgänge wurden bezeugt von Mr Walker und von Mr Witchcliff, der von seiner Jacht aus durch ein Fernglas zugesehen hatte. Nun, meine Damen, meine Herren, ich habe also versucht, Ihnen die groben Handlungsstränge der Tragödie zu schildern. Auch wenn wir die Zeugen für verantwortungslose Lügner hielten, wozu wir keinen Anlass haben, könnten wir doch zu keinem anderen Schluss kommen als Mord. In diesem Fall gibt es kein Im-Zweifel-für-den-Angeklagten. *Zu Miss Mead und Mr Bradley.* Und keine psychologischen Erklärungen ändern etwas an den Fakten.

SCOTT  Diese Jacht und der Mann, der durch sein Fernglas geschaut hat, wurden Taylor zum Verhängnis.

JOHNSON Dieser Mr Witchcliff machte einen netten und vertrauenswürdigen Eindruck, und ich weiß noch sehr genau, was er gesagt hat: »Es herrschte Flaute, ich wartete auf etwas Wind und blickte gelangweilt durch mein Fernglas, als ich drei Personen, zwei Männer und eine Frau, den Küstenpfad entlangkommen sah. Sie war sehr hübsch, und ich besehe mir Schönheiten gerne aus sicherer Entfernung.« Das war ziemlich gut, fand ich.

SANDERS *übernimmt wieder die Gesprächsführung* Er hat Walkers Aussage voll und ganz bestätigt, und noch dazu gab er uns eine genaue Schilderung des Kampfes und davon, wie Taylor seine Frau die Klippe hinunterstieß, was ich jetzt nicht noch einmal in allen Einzelheiten wiedergeben muss. Niemand von uns wird es vergessen haben.

JOHNSON Und es war zwecklos, seine Aussage ins Lächerliche zu ziehen, wie die Verteidigung es versucht hat, indem sie alle möglichen dummen Fragen stellte. Natürlich konnte er von seiner Position aus alles genau sehen. Schließlich hat er es in drei Minuten zur Küste geschafft. Er stand noch ganz unter dem Eindruck, als er sagte: »Ich habe sie aus nächster Nähe gesehen, aber bei Gott, nicht mal für meine Alte wäre dieser Anblick ein Grund zur Eifersucht gewesen.« Ein anständiger Kerl war das, und wenn jemand die Wahrheit gesagt hat, dann er. Und aus welchem Grund hätte er auch lügen sollen?

DUNN Aber da war noch dieser andere Zeuge, Sir, der Schäfer, wissen Sie, der Mrs Taylor am Strand gefunden hat. Er war der Erste, der Taylor begegnete, als der von der Klippe herunterkam, mit zerrissener Kleidung und blutigem Gesicht. Ich werde nie vergessen, was er gesagt hat.

SANDERS Ja, ja, aber er war kein besonders aufgeweckter Zeuge. Die Staatsanwaltschaft konnte seine Aussage ohne große Mühe entkräften.

DUNN Das mag sein, Sir. Aber ich kriege seine Worte irgendwie nicht aus dem Kopf. Es zählt mehr als alles andere: Für mich klang es wahr, wenn Sie verstehen, was ich meine. *Seine Stimme und sein Ausdruck verändern sich, als er den Schäfer verkörpert.* »Er küsste ihre Hände und hob ihren Kopf vorsichtig an. Er saß da und redete mit ihr, flüsterte, wischte ihr mit seinem Taschentuch das Blut von der Stirn und heulte wie ein Kind. Dann blickte er starr vor sich hin, mit offenen Augen, aber so, als könne er nichts sehen. Er war wie ein Blinder, der aus toten Augen weint. Wie ein Mann, dessen Leben in Trümmern liegt, dem alles genommen wurde, was er liebte. In meinem Leben habe ich schon viel Trauer gesehen, aber noch nie solchen Schmerz im Gesicht eines Mannes.«

MISS CADELL Aber sogar dieser Schäfer hat ausgesagt, dass Taylor seine Frau wieder und wieder um Verzeihung gebeten hat, und das ist, schlussendlich, ein klares Schuldeingeständnis.

SCOTT Und noch dazu konnte der Richter beweisen, dass der Schäfer ein eher spiritueller Typ ist, der zu Selbstgesprächen neigt, Visionen hat und lange Unterredungen mit Lämmern und Bäumen führt.

DUNN Für mich klang es wahr.

COOK Mr Dunn, als Taylor an jenem Abend den Revolver gekauft hat und der Ladeninhaber ihn fragte, was er damit vorhabe, Sie wissen doch noch, was Taylor darauf geantwortet hat? Soweit ich mich erinnere, sagte er: »Eine dreckige Schlampe erschießen.«

MISS MEAD Dennoch hat er sein Leben aufs Spiel gesetzt, als er das Kliff hinuntergeklettert ist.

FOSTER  Mrs Taylor war trotzdem vor ihm unten.

SCOTT  Aber was ist mit Walker? Der Verteidiger hat ihn einen Feigling genannt, was natürlich Unsinn ist. Wenn jemand so starke Schwindelanfälle hat wie er, kann man von ihm schlecht erwarten, auf Klippen herumzuklettern. Ich habe zufällig dasselbe Leiden, und ich würde mich nicht als Feigling bezeichnen.

MRS THORNTON  Walker sah wirklich mitgenommen aus. Es muss ihn schwer getroffen haben. Anders als Taylor. Der hat mit keiner Wimper gezuckt und stand wie versteinert da.

SCOTT  Wie man jetzt noch den leisesten Zweifel haben kann, ist mir schleierhaft. Es ist einfach grauenvoll. Erst schlägt Taylor vor, eine Runde um das Kliff zu schwimmen. Wir haben doch die Brandung gesehen und die Strudel. Wie er das hätte schaffen sollen, keine Ahnung, aber wenn man ihm glauben will, hätte er es schon irgendwie hingekriegt. Dann hat er vorgeschlagen, ein Boot zu nehmen, das, hätten sie sich darauf eingelassen, ein paar Stunden später wahrscheinlich kieloben auf den Wellen getrieben wäre. Und ein schöner Küstenspaziergang wird das gewesen sein, bei der Affenhitze. Taylor ging hinter den beiden, schweigend und lauschend, während Mrs Taylor und Walker versuchten ihr Gespräch fortzuführen, »und jedes Lachen von ihnen traf ihn wie ein Peitschenhieb«, wie es der Verteidiger formuliert hat. Dann erblickt Mrs Taylor das jämmerliche Blümchen und Mr Taylor ermutigt sie, es zu pflücken. Genau die Chance, auf die er gewartet hat. – »Ich dachte erst, es sei einer seiner schrägen Witze«, hat Walker gesagt. »Und dann sah ich, wie er seinen Gürtel abschnallte, ihn um ihre Taille legte und ihr über die Klippe half. Ich hörte ihre Schreie und sah ein letztes Mal ihr Gesicht, kreide-

bleich unter ihrem roten Haar.« *Schaut zu Miss Cadell,*
*hält einen Moment inne.* Das ist wirklich eigenartig.
Das Porträt von Mrs Taylor im Gerichtssaal, es sieht
Miss Cadell doch verblüffend ähnlich. Wie aus dem
Gesicht geschnitten.

MISS CADELL  Finden Sie?

BRADLEY  Nein, überhaupt nicht.

FOSTER  Nur so vom Typ her. So großartig glamourös.

SANDERS  Meine Herren, bitte! Lassen Sie uns bei der
Sache bleiben. Bitte vergessen Sie nicht die schänd-
liche Bemerkung, die Taylor machte, als er auf Walker
zukam. »Ladies first.« Was haben Sie dazu zu sagen,
Mr Dunn?

DUNN  Ich weiß nicht, Sir, aber Mrs Taylor hat vielleicht
irgendetwas gesagt, was ihn wahnsinnig aufgeregt
hat. Frauen sagen manchmal provozierende Sachen,
oder nicht?

SCOTT  Sie haben schon recht, wenn alle Ehestreitig-
keiten an Klippen ausgetragen würden, sähen die Ge-
richte Seiner Majestät aus wie der Strand von Brighton
an einem Feiertag.

MISS MEAD  Ich bin sicher, die Verteidigung hatte in
einem Punkt recht: Er hat sie verzweifelt geliebt.

MRS THORNTON  Eine feine Art, das zu zeigen, hatte er.

MISS MEAD  Ihre Schwester, Miss Barnes, hat es ziemlich
unmissverständlich ausgedrückt, finde ich. »Wenn
Blanche im selben Raum war, hatte er für nichts anderes mehr Augen als für sie. Von dem Augenblick
an, als er sich in sie verliebt hatte, war er ein anderer Mann. – Wie jemand, den ein starkes Fieber verbrennt.«

JOHNSON  Der Staatsanwalt ist mit dieser Zeugin besonders sarkastisch umgesprungen. Ich finde, er hat
sie unnötig gepiesackt.

FOSTER Eine 41-jährige alleinstehende Dame, tugendhaft und verbittert. Der Typ Frau, die nichts als Ärger macht.

MISS MEAD *heftig* Warum? Nur, weil sie das Pech hatte, dass ihre Schwester ihr den Mann weggeschnappt hat, mit dem sie vielleicht hätte glücklich werden können?

SCOTT Sie musste nach Luft schnappen, als der Verteidiger sie gefragt hat: »Waren Sie in ihn verliebt?«

BRADLEY Er hatte kein Recht dazu.

SCOTT Es *ist* ziemlich erniedrigend, oder?

MRS THORNTON Wie auch immer, Miss Barnes hat ihre Schwester gehasst.

MISS MEAD Hat sie nicht. Sie hat sie geliebt und hat wie eine Mutter für sie empfunden, bis sie das über die beiden herausfand. Aber sogar dann noch hat sie ihr die 300 Pfund gegeben, als Mrs Taylor ankam und sie um Hilfe bat. Das waren ihre gesamten Ersparnisse.

COOK 300 Pfund sind wirklich viel Geld. Das zeigt, dass sie sehr stark für sie empfunden haben muss.

SCOTT Ein ziemlich gefühliges altes Mädchen. Ihre Schilderung, wie Mrs Taylor wegen des Geldes zu ihr gekommen war. Meine Güte!

MISS MEAD *leise* Können Sie nicht aufhören, Menschen wie abgetragene Kleidung zu behandeln?

MISS CADELL Sie hat etwas höchst Seltsames über Blumen und Vasen gesagt. Das keinen Sinn ergeben hat.

MISS MEAD Doch, hat es. »Manche haben Blumen und machen sich nicht die Mühe, sie in Vasen zu stellen, und andere haben das ganze Haus voller Vasen, aber niemand schenkt ihnen Blumen.«

JOHNSON Das ist doch kein Grund, traurig zu sein. Man kann sich immer noch Blumen kaufen oder die Vasen zerdeppern. Diese Zeugin hatte wirklich nicht alle Tassen im Schrank.

MRS THORNTON Und ich sage, Taylor hat sie nicht geliebt. Er war nichts als ein grausamer, eifersüchtiger
Tyrann. Statistisch oder sadistisch, oder wie das
heißt. Mrs Jones, die Köchin, hat uns doch alles darüber erzählt, möchte ich meinen. Wie er nach Hause
kam, an dem Abend, an dem er auf die Skulptur geschossen hat. »Ich hörte ein angsteinflößendes Geräusch und dachte schon, er hätte sie umgebracht, ich
bin nach oben gerannt, mit zitternden Knien. Er hatte
auf die entblößte Statue geschossen, die auf einem an-
ständigen Kaminsims ohnehin nichts verloren hatte«,
sagte sie. »Sie war in alle Einzelteile zersprungen, was
das Beste war, was dem Ding passieren konnte, meiner Meinung nach. Nur die bedauernswerte Dame des
Hauses war totenbleich. ›Natürlich hat mir jemand
das Geld gegeben‹, sagte sie. ›Und es geht dich nichts
an, und wenn du mich erschießen willst, bitte.‹« Dann
sah Mr Taylor Mrs Jones und sagte: »Raus hier.« Ein
Benehmen wie ein Gossenjunge hatte der. »›Ich werde
nicht gehen, wenn Sie erlauben, Sir. Aber ich werde
Madame nach oben begleiten‹, und das habe ich dann
auch getan«, sagte Mrs Jones. »Und ich habe ihr eine
schöne Tasse Tee gemacht und sie zu Bett gebracht,
während ich auf dem Sofa im Ankleidezimmer schlief,
mit einem Regenschirm unterm Kopfkissen und einer
Mausefalle auf der Türschwelle, in die er getappt wäre,
hätte er es gewagt, uns zu nahe zu kommen. Aber von
ihm gab es die ganze Nacht keine Spur.«

SANDERS Das war der Abend, an dem Taylor Miss Barnes getroffen und erfahren hat, dass sie ihrer Schwester nur einen Teil des Geldes gegeben hatte.

MISS MEAD Er hat sie auf der Straße stehen lassen und
ist abgehauen. Um ein Haar wäre er von einem Auto
überfahren worden. Sie stand da und hat ihm hinter-

hergeschaut, dann ist sie langsam nach Hause gegangen. Es war ein kalter, grauer Abend. Sie suchte ihre Schlüssel, es dauerte eine Weile, bis sie aufsperrte und eintrat. Sie setzte sich ins Dunkel, behielt ihre Jacke an und ging nicht vor Morgengrauen zu Bett.

MISS CADELL Davon höre ich zum ersten Mal.

JOHNSON Ich kann mich daran auch nicht erinnern. Und mir kommt es auch recht belanglos vor.

SANDERS Denken wir jetzt nicht weiter über Miss Barnes nach. Wir müssen unwichtige Details außen vor lassen.

KINGSLEY Gut gesagt.

JOHNSON *kichernd* Ich verstehe nicht, warum der Strafverteidiger mir ins Ohr hat schreien müssen: »Haben Sie noch nie in einer dunklen Straße vor einem erleuchteten Fenster gestanden und über Stunden hinweg die sich bewegenden Schatten beobachtet? Haben Sie noch nie diesen Schmerz hilfloser Verzweiflung gespürt, während Sie dastanden und sich fragten, was drinnen wohl vor sich gehen mag?« *Zuckt die Achseln.* Nun, leider konnte ich ihm nicht beipflichten. Ich habe so was noch nie gemacht, und habe auch nicht vor, es zu tun.

SCOTT Es ist auch schwer, sich vorzustellen, wie Sie nachts in einer dunklen Straße stehen und in hell erleuchtete Fenster starren. Sie würden den ganzen Verkehr aufhalten.

JOHNSON Noch weniger kann ich mir aber einen Unmenschen wie Taylor bei einem derart romantischen Unterfangen vorstellen.

SANDERS Ich kann mir nicht helfen, ich finde die Geschichte des Strafverteidigers irgendwie großartig. Ich habe mich an den berühmten alten Richter erinnert gefühlt, der zum Strafverteidiger gesagt haben soll:

»Ich rate Ihnen, ein paar Federn aus Ihrer geflügelten Phantasie zu rupfen und sie sich an Ihr Urteilsvermögen zu stecken.«

MRS THORNTON Sein Hirn in der Kneipe versoffen, das ist es, was er getan hat. Er konnte sich kaum auf den Beinen halten, als er in Mr Walkers Atelier aufgekreuzt ist und dort den würdevoll dreinblickenden alten Knaben verprügelt hat. Ein skandalöser Vorfall. Ich finde, der alte Kerl hatte ganz recht, von einer Affenschande zu sprechen.

COOK Der Gentleman muss sich wahnsinnig erschreckt haben, als Mr Taylor auf einmal anfing, auf ihn einzuprügeln, nur weil er in der Nähe von Mrs Taylors Porträt stand. Er war schon blutverschmiert, bevor er überhaupt die Chance bekam, Taylor zu sagen, dass er gar nicht der Maler, sondern bloß das Modell für den »Engel der Finsternis« war und im echten Leben Staubsaugervertreter.

SCOTT Ich frage mich, wo Mrs Taylor eigentlich an diesem Nachmittag gewesen ist, nachdem sie das Atelier verlassen hatte, weil sie für eine Sitzung nicht in der richtigen Stimmung war.

MRS THORNTON Sie wird sich die Augen ausgeweint haben, das arme Ding, und gespürt haben, dass er ihr etwas antun wird.

FOSTER Sie war offensichtlich so verstört, dass ihr der Trost eines Mannes allein nicht genug war. Vermutlich hat sie deshalb den Gentleman aufgesucht, der es vorzieht, unerkannt zu bleiben und Mr X genannt zu werden.

JOHNSON Wir wissen nicht viel darüber, nur das, was dieser Detektiv gesagt hat. Und der hat bloß ein graues Auto und einen Mann mit Bart gesehen, was auch nicht gerade viel ist.

KINGSLEY Ich finde, das ist kein ernstzunehmender Zeuge.

FOSTER *schaut ihn bitterböse an* Ich wusste, dass Sie das sagen würden, Sir.

SCOTT Greifen Sie bloß nicht Mr Fosters Lieblings-Mystery-Man an, genauso wenig wie seinen Helden Nat Pinkerton, den mit dem scharfen Blick. Der Mann, der eine Ratte erschnüffeln und im Handumdrehen zur Strecke bringen kann.

SANDERS Meine Herren, bitte. Lassen Sie uns nicht von unserer Diskussion abkommen.

JOHNSON Hört, hört.

SANDERS Dieses ganze Gerede ist wirklich ziemlich überflüssig. Ich hoffe nur, die Aufzählung der Fakten hat Ihre Zweifel ausräumen können, Mr Dunn.

DUNN Und doch, Herr Vorsitzender, könnte ich nicht aufrecht durch die Welt gehen, wenn ich jemanden schuldig spräche, ehe nicht jedes Detail geklärt ist.

JOHNSON Hören Sie, lassen Sie uns diese Gefühlsduselei nicht zu weit treiben. Wo soll das enden? Aus Mitleid mit den Lämmern könnten wir unsere Koteletts nicht mehr genießen, oder den armen Hühnern zuliebe keine Eier mehr essen, und am Ende würden wir keine Kleidung mehr tragen und hungers sterben.

BRADLEY Ich glaube nicht, dass die Versöhnung vor dem letzten Sonntag bloß vorgetäuscht war.

MRS THORNTON Warum sollte er ihr auf einmal Blumen mitbringen, nachdem er ihr so übel mitgespielt und sie schändlich beleidigt hatte?

BRADLEY Ich weiß nicht. Vielleicht tat es ihm leid oder er war erschöpft, aber ich bin überzeugt, er wollte mit ihr Frieden schließen.

MRS THORNTON Er doch nicht. Erinnern Sie sich nicht, was die Köchin gesagt hat: »Als ich den Sherry hereinbrachte, kniete er vor ihr auf dem Boden, wie die Schöne und das Biest sahen sie aus, und er zog eine Show ab. ›Schwöre, dass du mir treu warst, Blanche.‹ ›Natürlich war ich das, Dummkopf‹, sagte Mrs Taylor. ›Aber ich hasse es, schikaniert und ausspioniert zu werden.‹ Und dann warf er mir einen seiner bösen Blicke zu, weil er spürte, dass ich ihm direkt in sein sündhaftes Herz schauen konnte.« Daraufhin brach Mrs Jones in Tränen aus.

SANDERS Wie auch immer, der Ausflug war geplant und es war Taylor, der Devils Cliff vorschlug.

DUNN Aber das ist ein beliebtes Ausflugsziel, Sir. Viele Paare fahren in den Flitterwochen dorthin.

MRS THORNTON Sie waren wie Turteltauben. »Das war nicht normal«, hat Mrs Jones gesagt, »sein Bett blieb in dieser Nacht unberührt, und am nächsten Morgen zum Frühstück hat er nicht wie sonst die Zeitung gelesen. Das sagt doch alles«, hat sie gesagt.

BRADLEY Es muss für ihn ein Schlag gewesen sein, als der Laufbursche ihr am Sonntag den Brief brachte und sie ihn gleich an sich riss. Gerade als er dachte, alles würde wieder gut werden.

MISS CADELL Aber sie muss ihm doch nicht ihre Briefe zu lesen geben.

MISS MEAD Sie war gefühlskalt. Es war gemein von ihr, Mr Walker einzuladen, sie zu begleiten, als er an dem Morgen anrief.

JOHNSON Das hat Taylors Pläne bestimmt gehörig über den Haufen geworfen. Als sie ihn fragte, ob er was dagegen habe, war seine Antwort: »Nein, ganz im Gegenteil, ich freue mich darüber, Liebes.« Das war nicht geradeheraus. Ein ehrlicher Mann hätte ihr die Meinung gegeigt und die ganze Sache abgeblasen.

SCOTT Es war ziemlich lustig mitanzusehen, wie der arme Verteidiger schweißüberströmt die verschiedenen Arten, wie Taylor es gesagt haben könnte, nachgespielt hat: verletzt murmelnd, das Spiel aber noch weiter mitspielend: »Nein, ganz im Gegenteil, ich freue mich darüber, Liebes«, oder zu perplex, um die Stimme zu erheben: »Nein, ganz im Gegenteil, ich freue mich darüber, Liebes.« Oder vergeblich um Ironie bemüht: »Nein, ganz im Gegenteil, ich freue mich darüber, Liebes.« *Er übertreibt die Darstellungen der verschiedenen Sprechweisen.*

COOK Ich fand die Darstellung sehr eindrücklich.

MRS THORNTON Mrs Jones stand in der Eingangshalle, als sie mit ihren Lunchpaketen und Rucksäcken aufbrachen. »Mein Lebtag werde ich sein Lächeln nicht vergessen, als ich fragte, wann sie denn zu Abend essen würden. ›Machen Sie sich keine Gedanken übers Abendessen‹, sagte er, und es war nicht, was er sagte, sondern wie er es sagte. Es hat mir einen Schauer über den Rücken gejagt.«

MISS MEAD Aber auch, wenn er das schlimmste Scheusal auf Erden wäre, konnte er doch nicht vorhersehen, was passieren würde. Er hatte keine Waffe dabei, und er konnte nicht wissen, dass Mrs Taylor die Blume würde pflücken wollen.

BRADLEY Oder dass Walker Schwindelanfälle haben würde.

SANDERS Aber meine lieben Freunde, das führt ein bisschen zu weit. Sie haben doch gehört, dass Taylor noch Alternativen vorgeschlagen hat, die ihm weitere Möglichkeiten eröffnet hätten. Ich muss Sie daran erinnern, dass Sie als Geschworene einen Eid abgelegt haben. Wenn Sie moralische Einwände gegen die Todesstrafe haben, hätten Sie das Amt als Geschworene in einem Mordprozess von vornherein ablehnen müssen. *Wendet sich an Smith, der wirkt, als wollte er etwas sagen.* Wollen Sie etwas sagen, Sir?

*Smith schüttelt den Kopf.*

MISS MEAD Ich wusste nicht, dass wir auch hätten ablehnen können. Wäre schön gewesen, wenn einem das mal jemand gesagt hätte.

SANDERS Jetzt ist es jedenfalls zu spät. Man kann sich überlegen, ob man Soldat werden will, doch wenn man einberufen wird, ist das Schlachtfeld nicht der Ort für Zweifel daran, ob es richtig oder falsch ist, zu schießen. Es gibt eine sehr unschöne Bezeichnung für solche Leute.

KINGSLEY Ich bin sicher, das ist der eindeutigste Fall, der je einer Jury vorgelegt worden ist.

FOSTER Tatsächlich? Ich persönlich finde so einiges an diesem Fall ganz und gar nicht eindeutig.

KINGSLEY Ich glaube nicht, dass es einen großen Unterschied gemacht hätte, wenn die Polizei Ihnen Mr X in den Zeugenstand geführt hätte, Mr Foster.

JOHNSON Wie auch immer. Das ist keine Scheidungsklage, sondern ein Mordfall. Und auch kein anderer von Mrs Taylors Liebhabern hätte uns neue Erkenntnisse geliefert.

FOSTER Was Mr X betrifft, hätte es schon einen gewissen Unterschied gemacht, wo er sich doch solche Mühe gibt, sich aus allem rauszuhalten.

KINGSLEY Ich bin sicher, Mr X würde sich äußerst geschmeichelt fühlen, wenn er wüsste, wie viel Ihnen an seiner Person gelegen ist.

*Kingsley hat eine Weile lang auf einen Zettel geschrieben.*

FOSTER Irgendetwas war seltsam an dieser Notiz, die Mrs Taylor am 20. Juni erhalten hat und die sie bei sich trug, als sie tot am Strand lag. Die stammte doch auch nicht von Mr Walker.

SCOTT Und was soll daran seltsam sein?

FOSTER »Meet me at the Three Crowns tonight.« Das war es doch?

SANDERS Ja, das ist richtig. Was ist damit?

FOSTER Es ist merkwürdig. Warum ausgerechnet das Three Crowns?

JOHNSON Warum, Mr Foster, wird Ihre Theorie allmählich zu einer Obsession? Das Three Crowns ist ein ebenso guter Ort wie alle anderen, oder nicht? Vielleicht sogar ein deutlich besserer.

KINGSLEY Herr Vorsitzender, ich protestiere energisch gegen diese Zeitverschwendung. Wir müssen uns auf die wesentlichen Punkte konzentrieren und dürfen es nicht zulassen, dass hier jemand sein Steckenpferd reitet.

FOSTER *nimmt schnell das Blatt, auf das Kingsley geschrieben hat* Kann ich das für einen Augenblick haben?

KINGSLEY Sicher, wenn Sie das interessiert.

GERICHTSDIENER *tritt links auf, indem er die Tür aufsperrt* Entschuldigen Sie, Herr Vorsitzender, Seine Ehren würde gerne wissen, wie lange die Jury noch zu beraten gedenkt. *Vorwurfsvoll.* Seine Ehren wirkte auf mich, als hätte er die Jury schon vor einer ganzen Weile zurückerwartet.

SANDERS Es tut mir sehr leid, dass die Jury bisher noch zu keiner Einigung gekommen ist. Aber ich bin zuversichtlich, dass wir in Bälde so weit sind.

GERICHTSDIENER Sehr gut, Herr Vorsitzender, ich werde es Seiner Ehren ausrichten.

*Will gerade hinausgehen, als Foster ihm hinterherruft.*

FOSTER Würden Sie uns bitte Beweisstück Nummer 3 bringen, Herr Gerichtsdiener?

SANDERS Beweisstück Nummer 3. Wozu in aller Welt?

FOSTER Als Geschworenem steht es mir zu, danach zu fragen, oder etwa nicht?

SANDERS Sicher. Das bestreitet auch niemand. *Resigniert zum Gerichtsdiener* Wären Sie so gut und würden der Bitte des Geschworenen nachkommen, Herr Gerichtsdiener?

*Der Gerichtsdiener nuschelt etwas und geht links ab.*

MRS THORNTON Was meinen Sie mit Beweisstück? Die furchtbaren Dinger auf dem Tisch? Wenn Sie hier blutverschmierte Kleidung oder diese schrecklichen Fotos anschleppen wollen, bin ich raus.

FOSTER Beruhigen Sie sich, Beweisstück Nummer 3 ist ziemlich harmlos.

SCOTT Wozu dann das Ganze?

KINGSLEY Mr Foster genießt unsere Gegenwart so sehr, dass er sie mit Hilfe von allerlei Spielchen in die Länge ziehen will.

JOHNSON Aber das ist inakzeptabel. Schauen Sie, mein Lieber, wir anderen nämlich genießen es nicht im Geringsten. Wir wollen das hinter uns bringen und dann nach Hause gehen.

FOSTER Es wird nicht mal zwei Minuten Ihrer wertvollen Zeit in Anspruch nehmen. *Er hält immer noch das Blatt von Kingsley in der Hand und begutachtet es.* Mr Kingsley, könnten Sie vielleicht ein paar Worte auf diesen Zettel schreiben?

KINGSLEY Ganz wie Sie wünschen. Was möchten Sie, dass ich schreibe?

FOSTER Wie wäre es mit: »Meet me at the Three Crowns tonight.« Das ist doch etwas, was Sie so schreiben könnten. *Dreht sich zu Miss Cadell.* Denken Sie nicht auch, Miss Cadell?

MISS CADELL Ich denke, dass Sie Ihre kleinen Phantasien für sich behalten sollten.

*Kingsley schreibt mit seiner linken Hand.*

FOSTER Würden Sie bitte Ihre rechte Hand benutzen?

*Wachsende Verwunderung bei den anderen.*

KINGSLEY Es tut mir leid, Sie zu enttäuschen, Mr Foster, aber ich bin Linkshänder.

*Lachen über Fosters Aufforderung.*

SANDERS Wirklich, Mr Foster, Ihr Verhalten ist unerklärlich. Ich muss schon sagen …

*Er wird vom Erscheinen des Gerichtsdieners unterbrochen, der ihm ein Blatt Papier überreicht, links abgeht und die Tür zusperrt.*

SANDERS Danke schön.

FOSTER Eine äußerst interessante Situation. Denken Sie nur: Die schöne junge Frau trifft ihren mysteriösen älteren Liebhaber. Was wäre dafür besser geeignet als das Three Crowns? Teuer, luxuriös und, vor allem, diskret. *Legt beide Blätter auf den Tisch. Zu Miss Cadell.* Ist die Ähnlichkeit nicht verblüffend?

*Miss Cadell wendet sich ab.*

JOHNSON  Mein Gott, der Mann ist verrückt.

SANDERS  Mr Foster, Sie wollen jetzt nicht darauf anspielen …

FOSTER  *unterbricht ihn* Schauen Sie sich das M an.

SCOTT  *lacht* Oh Foster, Sie tragen selbst in das Herz
eines Geschworenen etwas Sonnenschein. In der Tat,
schauen Sie sich nur mal das M an.

DUNN  Im Alltag gehen viele Briefe durch meine Hand,
Sir, und ich versichere Ihnen, dass ich jeden Tag Hunderte solcher Ms sehe. M ist ein vielbenutzter Buch-
stabe, wegen Mr, Mrs und Miss.

*Allgemeines Gelächter.*

FOSTER  Natürlich, natürlich, wie dumm von mir. Da
muss wohl die Phantasie mit mir durchgegangen sein.

KINGSLEY  Das kann auch mal böse enden, Mr Foster.

SANDERS  *übernimmt wieder die Führung* Ich bin sicher,
uns allen tut dieser unerquickliche und unnötige Vorfall leid.

KINGSLEY  Alles gut, Herr Vorsitzender.

SANDERS  Meine Damen und meine Herren Geschworenen. Es gibt eine Sache, in der wir alle überein-
stimmen. Wir wollen unserer etwas ermüdenden Aufgabe ohne weitere Verzögerungen nachkommen, also
darf ich Sie alle darum bitten, sich zu konzentrieren
und überflüssige Abschweifungen, die unsere Zeit wie
auch die des Gerichts vergeuden, beiseitezulassen.
Eine Jury besteht aus zwölf menschlichen Würfeln,
die alle die gleiche Augenzahl zeigen müssen, sonst
gibt es keinen Urteilsspruch. Nun, Mr Dunn, Ihr

Punkt war, dass es sich vielleicht nicht um Mord, sondern um Totschlag gehandelt haben könnte.

DUNN *dankbar* Das ist richtig, Sir.

SANDERS Eines Ihrer Argumente war, dass Mrs Taylor auf der Klippe etwas gesagt haben könnte, was eine solche Provokation darstellte, dass er die Kontrolle verlor. Nicht wahr?

DUNN So ist es, Sir.

SANDERS *nimmt ein Buch, rückt seine Brille zurecht* Darf ich Ihnen vorlesen, was das Strafgesetz zu diesem Punkt zu sagen hat: »Selbst eine tätliche Beleidigung stellt keine hinreichende Provokation dar, solange sie nicht gewalttätig oder zutiefst verletzend ist. Wenn also ein Mann von einer Frau geohrfeigt wird, ist eine solche Provokation in derlei Hinsicht unzureichend, wohingegen, wenn sie ihm gewaltsam mit einem schweren Holzschuh ins Gesicht geschlagen hätte, dies als schwerwiegend genug zu werten wäre.« Nun, Mr Dunn, haben Sie verstanden, was unser Gesetz zu diesem Punkt sagt?

BRADLEY Aber der Beweis der Untreue seiner Frau wäre doch eine schwerwiegende Provokation, oder nicht?

SANDERS Selbst wenn wir einmal annehmen, dass der Brief, den sie erhalten hat, einen solchen Beweis darstellen würde, und wir haben keine Veranlassung, das zu denken, oder dass bei dem Spaziergang etwas gesagt wurde, was Taylor diese Gewissheit gegeben hätte, auch dann hätte er sie erst nach einiger Bedenkzeit getötet, was Totschlag automatisch ausschließt.

*Dunn ist von den Gesetzen mächtig beeindruckt und findet kein passendes Gegenargument.*

MISS MEAD Doch was für einen Plan hätte Taylor denn schmieden können, und auch wenn er, wie die Anklage behauptet, entschieden hätte, seine Frau an dem besagten Sonntag umzubringen, warum hat er dann nicht den Revolver mitgenommen, den er gekauft hatte?

JOHNSON Er wollte nicht dafür gehängt werden, das ist der Grund. Er ist ein gerissener Teufel. Er wollte es wie einen Unfall aussehen lassen. Mrs Taylors dummer Einfall, diese verdammte Blume zu pflücken, war für ihn eine Gelegenheit, die der Himmel schickte, oder besser: die Hölle. Vielleicht wäre er sogar damit durchgekommen, aber ihm fehlte die Zeit, um ein, zwei kleine Details zu bedenken.

MRS THORNTON Ja, alle begehen irgendwann mal einen Fehler.

COOK Entschuldigen Sie, Sir, dieser Gürtel, den Taylor um die Taille seiner Frau gelegt hat, war ein ganz gewöhnlicher Gürtel aus der Sportbekleidungsabteilung, aus billigem Kunstleder, das sich heutzutage ja leider großer Beliebtheit erfreut. Es ist natürlich nicht die Art von Gürtel, wie sie in meiner Firma hergestellt wird, und dennoch erlaube ich mir zu sagen, dass dieser Gürtel unmöglich den Körper einer erwachsenen Frau hätte halten können.

JOHNSON Da liegen Sie offensichtlich falsch, Mr Cook, denn dieser Gürtel hat sie gehalten.

SANDERS *geheimnistuerisch* Ich bin mir da nicht so sicher.

JOHNSON Jetzt fangen Sie nicht auch noch an, mysteriös zu werden, Herr Vorsitzender.

BRADLEY *interessiert, zu Cook* Was denken Sie, wie viel Gewicht ein solcher Gürtel halten würde, ohne zu reißen?

COOK Um die 20 Kilo höchstens, würde ich sagen, aber um ganz sicherzugehen, müsste ich ihn mir genauer ansehen.

SCOTT Und das Gewicht der Dame dürfte, dem Porträt und der Kleidung, die wir gesehen haben, nach zu urteilen, unmöglich weniger als 60 Kilo betragen haben. Oder was meinen Sie, Miss Cadell?

MISS CADELL Ich denke, Mrs Taylor war größer als ich, und ich wiege etwas weniger als 60 Kilo.

MRS THORNTON *seufzt* So viel wiege ich ohne meine Knochen.

BRADLEY Wie kommen Sie dann darauf, dass der Gürtel nicht gerissen ist?

SANDERS Warten Sie einen Moment. *Nimmt die Glocke und klingelt.* Ich glaube, wir brauchen diesen Gürtel für ein, zwei Minuten.

JOHNSON Sie haben noch etwas im Ärmel, was?

SCOTT Verglichen mit Mr Sanders jedenfalls ist die Sphinx leicht zu durchschauen.

*Der Gerichtsdiener tritt erneut ein.*

SANDERS Es tut mir leid, Sie noch einmal zu belästigen, Herr Gerichtsdiener, aber im Verlauf unseres Gesprächs ist es unvermeidbar geworden, Sie um noch ein weiteres Beweisstück zu bitten: den Gürtel des Angeklagten, der, wenn ich nicht irre, unter der Nummer 8 geführt ist. Ich bin sicher, es ist das letzte Mal, dass wir Ihre Hilfe in Anspruch nehmen müssen.

*Der Gerichtsdiener geht ab und sperrt die Tür zu. Dunn, der eine ganze Weile nachgedacht hat, ist jetzt in der Lage zu sprechen.*

DUNN Aber Herr Vorsitzender, als sie auf der Klippe waren … wer würde denn ausgerechnet dann auf so etwas kommen, ausgerechnet wenn eine andere Person sich ihm anvertraut, sich gewissermaßen in seine Obhut begibt. Er hätte es auch zu einem anderen Zeitpunkt tun können, und nicht ausgerechnet dann.

SANDERS *triumphierend* Exzellent, Mr Dunn, so langsam nähern wir uns dem springenden Punkt. Ein Mann kann aus einer Provokation heraus töten: in einem Eifersuchtsanfall seinen Konkurrenten erschießen, seine Frau erwürgen. All das wäre mit einem sehr starken Affekt erklärlich. Aber eine Frau an einem Gürtel festzuhalten, lässt wenig Raum für solch einen Gefühlsausbruch oder für einen Streit, Mr Dunn. Das ist kein Moment heller Aufregung, wo ein Mann tobt, weil er soeben etwas Unerwartetes herausgefunden hat. Es ist ein kühler, ruhiger Moment. Es ist keiner, in dem er etwas Neues erfahren hätte, was er nicht eh schon wusste. Und doch war es genau dieser Moment, in dem er das Verbrechen verübt hat. Sie haben recht, kein Mensch könnte so etwas tun, sondern nur ein kaltes, berechnendes Scheusal, das darauf hofft, dass die Welt an einen Unfall glaubt. Und so wäre es auch fast gekommen, wäre er nicht ein bisschen zu schlau gewesen. Wäre der Gürtel gerissen, hätte er vielleicht den Hauch einer Chance gehabt, trotz der Zeugen, die gesehen haben, wie er sie hinunterstieß.

DUNN Ich fürchte, ich verstehe das alles nicht, Sir.

*Der Gerichtsdiener kommt wieder, sperrt die Tür auf, legt den Gürtel vor Sanders auf den Tisch.*

GERICHTSDIENER Sind Sie sicher, dass ich nicht doch Licht machen soll, Sir, für alle Fälle …?

SANDERS Ich bin mir mittlerweile ziemlich sicher, dass wir noch vor Einbruch der Dunkelheit zu einer Entscheidung kommen werden, vielen Dank.

*Der Gerichtsdiener geht ab und sperrt die Tür zu.*

COOK *betrachtet den Gürtel genau und schüttelt den Kopf* Ich hätte schwören können, dass dieser Gürtel keine 20 Kilo aushält. *Zieht an ihm.* Billiges Lederimitat, schlechte Qualität, und noch dazu aus dem Ausland.

SANDERS Also gut, meine Damen, meine Herren, wir werden ein kleines Experiment durchführen, was, wenn Sie mir die Bemerkung gestatten, schon vor Gericht hätte gemacht werden müssen. *Wendet sich an Dunn.* Es gibt Dinge, Mr Dunn, die wir nicht wissen und nie herausfinden werden, denn wir können Mrs Taylor nicht aus ihrem Grab holen und der andere Beteiligte wird dem Gericht nicht dadurch auf die Sprünge helfen, dass er sagt, was er weiß. Vor einigen Jahren, als es den Angeklagten noch nicht gestattet war, selber als Zeugen auszusagen, hätte die Verteidigung vielleicht damit punkten können, zu sagen: »Schauen Sie sich diesen armen Mann an, seine Lippen sind versiegelt. Wenn er Ihnen nur sagen könnte, was geschehen ist, würde er Sie von seiner Unschuld überzeugen.« In unserem Fall hat ihn nichts davon abgehalten, doch er wusste schon, warum er lieber nicht in den Zeugenstand getreten ist. *Hält den Gürtel hoch und fährt etwas dramatisch fort.* Aber dieser Gürtel kann uns sagen, was Taylor uns nicht sagen wollte.

JOHNSON  Ich fress 'nen Besen, wenn ich verstehe, worauf Sie hinauswollen.

SANDERS  *steht auf* Wenn ich nicht irre, steht draußen im Flur eine Trittleiter. Vielleicht ist jemand von Ihnen so gut, sie zu holen.

SCOTT  Ich glaube, ich weiß, was Sie vorhaben. Holen wir sie, Mr Bradley.

*Er und Bradley gehen rechts ab.*

JOHNSON  Und was jetzt?

MRS THORNTON  Fensterputzen wird er wohl nicht, vermute ich, auch wenn der Raum es dringend nötig hätte.

*Bradley und Scott haben die Trittleiter hereingebracht und stellen sie in der Nähe des rechten Fensters auf. Sanders dreht sie so, dass die steile Seite nach vorne zeigt und die Stufen zum Fenster.*

SANDERS  So!

KINGSLEY  *der auch aufgestanden ist, zu Sanders* Mögen Sie uns in Ihr Geheimnis einweihen, Mr Sanders?

SANDERS  Natürlich, Sir. Wir versuchen hier ein einfaches Modell der Klippe nachzubilden, die wir gesehen haben.

*Scott zerrt ein großes Brett und ein grünes Stück Stoff herein.*

SCOTT  Schauen Sie, was ich hinten gefunden habe. Das sollte seinen Zweck erfüllen, denke ich.

*Er lehnt das Brett gegen die steile Seite der Leiter und ver-hängt es mit dem grünen Stoff, sodass es annähernd wie ein grasbedeckter Hang aussieht. Alle, außer Miss Mead und Smith, sind aufgestanden.*

SANDERS Exzellent, Mr Scott.

SCOTT *zu Miss Cadell, die zur Leiter geht* Erlauben Sie, Miss Cadell. *Er nimmt die künstliche Blume, die an ihr Kleid gesteckt ist, und befestigt sie einige Zenti-meter von dem oberen Ende der Leiter entfernt.* Ist es so recht, Mr Sanders?

SANDERS *näherkommend* Ein bisschen höher, würde ich sagen. *Setzt die Blume um, geht zurück zum Tisch, nimmt den Gürtel und blickt in die Runde.* So, Miss Cadell und Mr Bradley, bitte, wenn Sie nichts dagegen haben.

MISS CADELL Was soll ich tun?

SANDERS Einen Augenblick noch, bitte. *Mit großer Geste gibt er Bradley Taylors Gürtel.* Mr Bradley, würden Sie bitte diesen Gürtel nehmen. Und könnten Sie beide auf die Leiter steigen? Noch nicht. Jemand muss sie festhalten.

*Cook und Johnson übernehmen die Verantwortung, Scott sichert von hinten.*

SCOTT Ich stelle mich hierher, nur zur Sicherheit.

SANDERS So, Mr Dunn, würden Sie hier rüberkommen, und Sie alle konzentrieren sich bitte darauf, was Sie gleich sehen werden. Sie erinnern sich alle an den Mo-ment, als Mrs Taylor den Wunsch äußerte, die Blume *zeigt mit dem Bleistift darauf* zu pflücken, und Mr Walker zurückblieb. Würden Sie nun hochklettern, Mr Bradley und Miss Cadell. *Während sie es tun, fährt*

*Sanders fort* Jeder, der das Kliff und die Blume darauf gesehen hätte, hätte gewusst, dass es ein sehr gefährliches Unterfangen war. Jeder normale Mensch hätte mit Sicherheit gesagt: »Du siehst doch selber, dass es nicht geht.« Oder dass es zu gefährlich ist, oder etwas in der Art. Nicht so Taylor. Jetzt, Mr Bradley, würden Sie bitte den Gürtel nehmen und ihn um Miss Cadells Taille legen? *Bradley tut es.* Führen Sie sich bitte vor Augen, dass die Kreideklippe noch bedeutend steiler war, als wir es hier darstellen können. Mrs Taylor konnte darauf nicht *stehen* und tat es auch nicht. Sie berührte die Klippe einzig mit dem linken Fuß, sie war also wirklich davon abhängig, dass Taylor sie festhielt. Wären Sie, Mr Bradley, jetzt so gut, Miss Cadell mit Ihrer rechten Hand über die Kante zu helfen, während Sie mit Ihrer linken den Gürtel festhalten. Würden Sie Ihren Fuß bitte hierhin stellen, Miss Cadell?

BRADLEY Aber wird sich Miss Cadell denn nicht wehtun?

FOSTER Keine Sorge. Ich bin sicher, es wird sich jemand finden, der sie auffängt.

*Miss Cadell tritt über die Kante und macht einen Schritt auf die Blume zu.*

SANDERS Würden Sie, Miss Cadell, jetzt Ihren rechten Arm ausstrecken, um die Blume zu pflücken, und würden Sie, Mr Bradley, Miss Cadell so halten, dass ihr ganzes Gewicht auf dem Gürtel lastet.

JOHNSON Mit etwas Übung wird es Ihnen ganz leichtfallen.

SANDERS So ist es. Miss Cadell, Sie müssen an die Blume gelangen, strecken Sie Ihren Arm etwas weiter aus.

*Miss Cadell tut es. Sobald sie nur noch am Gürtel hängt,
reißt er augenblicklich. Sie fällt und wird von Scott auf-
gefangen, während Cook und Johnson sich angestrengt
bemühen, die Leiter festzuhalten, die umzukippen droht.
Einen Moment lang herrscht euphorische Stimmung.*

SANDERS Gut, Mr Dunn, ich denke, Sie haben gesehen,
was passiert wäre, hätte jemand versucht, den Gürtel
zu benutzen.

JOHNSON Das ist ein glasklarer Beweis, finde ich.

SCOTT *zu Miss Cadell, während er sie immer noch fest-
hält, säuselnd* »A star fell out of heaven right into my
heart.«\*

SANDERS *zu Bradley, der immer noch oben auf der Leiter
steht und Scott und Miss Cadell beobachtet* Danke, Mr
Bradley, Sie können jetzt runterkommen.

*Bradley steigt herunter. Cook hebt den zerrissenen Gürtel
auf und betrachtet ihn, wie jemand, der froh ist, dass die
Grundfeste seines Denkens zu guter Letzt doch nicht ins
Wanken geraten ist.*

COOK Echtes Leder ist eben durch nichts zu ersetzen.

SANDERS *sehr mit sich zufrieden* Nun, meine Damen,
meine Herren, das war ein sehr zufriedenstellendes
kleines Experiment, nicht wahr? Es hat den Sachverhalt eindeutig geklärt.

MRS THORNTON Das ist der Beweis, oder?

MISS MEAD *die auf ihrem Platz gesessen hat, springt auf*
Aber was beweist das, Herr Vorsitzender? Es zeigt nur,
was er nicht getan hat. Aber wenn es doch so offen-

---

\* Vermutlich eine Anspielung auf den Song *A Star Fell Out of Heaven,* geschrieben von Mack Gordon / Harry Revel und interpretiert
von Vera Lynn, aus dem Jahr 1936.

sichtlich war, dass der Gürtel reißen würde, warum hat er sie dann nicht am Gürtel gehalten und es dadurch wie einen Unfall aussehen lassen?

DUNN  Das stimmt, warum hat er das nicht getan?

FOSTER  Taylor hat anscheinend nicht logisch nachgedacht.

SANDERS  *aufgeregt* Warten Sie einen Moment, wir nähern uns dem Kern der ganzen Situation. Wir wissen, dass die Klippe so steil war, dass Mrs Taylor darauf nicht stehen und also auch nicht von selbst abrutschen konnte. Taylor wurde durch den Ruck von Mrs Taylors Gewicht, das ihn nach unten zog, nicht aus dem Gleichgewicht gebracht. Er war auf ihren Sturz vorbereitet, andernfalls wäre er mit in die Tiefe gerissen worden. Aufgrund dieser beiden Tatsachen können wir Unfall oder Totschlag als Möglichkeiten logisch ausschließen.

JOHNSON  Und das stimmt auch mit der Schilderung des Gentlemans überein, der sie durch sein Fernglas gesehen hat.

SANDERS  Genau. Darf ich nun Sie, Mr Bradley und Miss Cadell, bitten, mir ein weiteres Mal zu assistieren? Sie müssen dazu nicht noch mal auf die Leiter steigen. Sie halten Miss Cadell einfach so. *Zeigt es.* Sie erinnern sich an die Position der Hände. Ihre Hände bitte zuoberst, Miss Cadell. Lassen Sie uns für einen Moment annehmen, dass ihr Griff sich aus Versehen gelöst hat und also plötzlich das ganze Gewicht der Frau auf dem Gürtel lastete, was den Effekt bewirkt hätte, den wir soeben beobachten konnten. Das Einzige, was passiert sein kann, und ich denke, dass es genau so war, ist: Taylor versuchte, seine Hand zurückzuziehen, sodass Mrs Taylor einzig durch den Gürtel gehalten worden wäre, mit dem Ergebnis, das wir vorhin sehen konnten, und was ihm zugleich eine echte Chance eröffnet hätte. Aber seine Frau, in Todesangst, hat diesen Plan durchkreuzt. Sie klammerte sich mit all ihrer verzweifelten Kraft an seine Hand und zwang ihn, seine Pläne zu ändern. Er musste ihre Hand abschütteln und stieß sie schließlich in die Tiefe.

*Bradley und Miss Cadell führen es vor.*

JOHNSON  Und das ist genau das, was der Mann im Boot gesehen hat. »Er hat seine Hand nicht nur zurückgezogen, sondern hat sie regelrecht heruntergestoßen. Dank meines Fernglases ist jeder Irrtum ausgeschlossen«, hat er gesagt. »Es war so deutlich zu erkennen wie ein Bühnenschurke vom Parkett aus, und es war das Schlimmste, was ich in meinem Leben je gesehen habe.«

*Ein Moment der Stille, der deutlich macht, welchen Effekt die Schilderung auf alle hat.*

KINGSLEY  Das war brillant, Mr Sanders.

*Dunn lässt den Kopf hängen, die Beweisführung, die über jeden Zweifel erhaben scheint, hat ihn schachmatt gesetzt.*

SANDERS  *beeilt sich, seinen Sieg einzufahren* Ohne jeden Zweifel haben wir keine Mühen gescheut, die Wahrheit ans Licht zu bringen, ganz gemäß dem Eid, den wir geschworen haben. »Ich schwöre bei Gott dem Allmächtigen, dass ich wirklich und wahrhaftig alles in meiner Kraft Stehende tun werde, um zwischen dem König und dem mir anvertrauten Angeklagten wahre Gerechtigkeit herbeizuführen und auf Grundlage der Beweise ein richtiges Urteil zu fällen.« Wir haben, ohne zu zögern, diesen Eid geschworen und sind ihm damit verpflichtet. Es mag sein, dass wir das Urteil, das wir gleich sprechen werden, zutiefst bedauern, und ich bin sicher, als Menschen tun wir das alle, doch als Geschworene müssen wir über derlei menschliche Schwächen erhaben sein.

MISS MEAD *ungeduldig* Ich glaube, es bedarf keiner weiteren Reden, Herr Vorsitzender. Ich denke, wir wissen alle, was zu tun ist, und wir werden es tun. Es ist das Einzige, was uns noch bleibt.

SANDERS *nimmt ihr die Unterbrechung übel* Also gut. Darf ich Sie alle bitten, Ihre Plätze einzunehmen. *Alle machen es.* Halten Sie den Angeklagten des Mordes für schuldig oder für nicht schuldig?

*Der Tisch, der sich im Verlauf des zweiten Aktes so gedreht hat, dass die jeweils sprechende Person im Mittelpunkt war, steht jetzt so, dass alle ins Publikum schauen. Sanders nimmt die Antworten entgegen, beginnend mit seinem Sitznachbarn, Johnson.*

JOHNSON Schuldig.
MISS CADELL Schuldig.

*Etc. Manche sprechen es mechanisch, andere schweren Herzens, Dunn spricht leise, Miss Mead sehr schnell und mit leicht brüchiger Stimme.*

SMITH *der jetzt ins Publikum schaut, spricht leise und mit einer Stimme, die klingt, als käme sie von weither* Nicht schuldig.

*Betretenes Schweigen.*

SANDERS *mit der Geduld eines Lehrers* Mr Smith, würden Sie sich bitte auf die Frage konzentrieren, die ich Ihnen gestellt habe. Einen Augenblick noch, und wir sind alle erlöst und können uns erholen. Ich habe Ihnen die Frage gestellt, ob Sie Taylor des Mordes für schuldig oder nicht schuldig befinden.

SMITH Ich meine es so, wie ich es gesagt habe. Ich halte Taylor für nicht schuldig.

*Aufgeregtes Stimmengewirr, dann Scott.*

SCOTT Und so geht alles wieder von vorne los, weil es ja auch so wahnsinnig viel Spaß macht.

MISS CADELL Das ist alles nur furchtbar.

COOK Es scheint, wir stecken schon wieder fest.

MRS THORNTON Ich sage Ihnen, ich will nichts mehr hören von Körpern, Gürteln und Klippen. Ich gehe jetzt zu meiner Tochter.

SCOTT Sie haben wirklich einen Sinn für Dramatik, Mr Smith.

JOHNSON Warum zur Hölle konnten Sie nicht schon früher etwas sagen?

SMITH Ich habe gewartet. Ich habe gehofft, Sie würden einsehen, dass es kein Mord gewesen ist.

*Diese Antwort scheint niemand zu begreifen.*

SANDERS Aber, Mr Smith, Sie müssen doch zugeben, dass jedes noch so kleine Indiz zugunsten des Angeklagten hier mehr als eine Stunde lang gründlich erwogen und logisch widerlegt worden ist.

SMITH Ich weiß, und es tut mir leid, solche Umstände zu machen. Bitte glauben Sie mir, ich hasse, was ich hier tue. Aber ich habe keine andere Wahl.

SANDERS Mein lieber Mr Smith, es gibt nichts, was Sie zugunsten des Angeklagten noch vorbringen könnten, was nicht schon gesagt worden ist. Wir haben eindeutige Beweise, dass es kein Totschlag gewesen sein kann.

SMITH *leise* Es war kein Mord, und es war kein Totschlag.

SCOTT Was bliebe denn sonst noch übrig? Ein Unfall etwa?

SMITH Ja.

JOHNSON *brüllend* Ein Unfall?

SANDERS Sie können keine einzige Tatsache anführen, die Ihre abstruse Theorie stützt.

SMITH *mit einer Gewissheit, die nicht verbohrt wirkt* Es ist keine Theorie. Es ist einfach das, was passiert ist.

DUNN *sehr bewegt* Das ist merkwürdig. Es ist wie in meinem Traum.

FOSTER Nur, dass Mr Smith da einen Brief bei sich hatte, während er dieses Mal ein Telegramm direkt aus dem Himmel erhalten haben muss.

SMITH *wendet sich an Dunn, ungeduldig* Ja, es ist seltsamerweise genau so, nur dass in Träumen alles so viel einfacher ist. Aber das hier ist kein Traum. Es ist schrecklich kompliziert, und ich weiß nicht, wie ich mich verständlich machen soll. Da sind keine himmlischen Trompeten, die mir zu Hilfe kämen.

KINGSLEY Herr Vorsitzender, da wir nun völlig unerwartet in dieser Sackgasse gelandet sind, sehe ich keine andere Möglichkeit, als Seiner Ehren von unserem Scheitern zu berichten und ihn zu bitten, die Jury aufzulösen.

MRS THORNTON Das stimmt. Lassen Sie uns das tun und die Zelte hier abbrechen.

JOHNSON Ich wette, keine andere Jury würde mehr als fünf Minuten auf diesen Fall verschwenden.

SMITH Ich weiß das, und deshalb bitte ich Sie, mir zuzuhören, so wie Sie auch allen Zeugen zugehört haben. Ein Zeuge aber war still – Taylor hat geschwiegen. Ich muss für ihn sprechen. Würden Sie mir das zugestehen?

*Der Raum ist in Abendlicht getaucht. Draußen schlägt die Uhr langsam acht. Nach Smiths Worten herrscht allgemeines Schweigen. Niemand weiß so recht, wie reagieren. Mit dem letzten Uhrschlag betritt der Gerichtsdiener von links die Bühne und beginnt, die beiden Gaslampen an der Wand zu entzünden, die ein ziemlich hartes weißliches Licht auf alles werfen. Er zieht die Vorhänge zu, bewegt sich leise, presst die Lippen aufeinander, um zum Ausdruck zu bringen, dass genau das eingetreten ist, was er befürchtet hatte.*

SANDERS *fühlt sich bemüßigt, einen freundlichen Vorstoß zu machen* Vielen Dank. Es haben sich ein paar Komplikationen ergeben, die die Sache noch etwas hinauszögern, aber ich bin sicher, wir werden sie bald überwunden haben.

SCOTT Ich hoffe, dass Sie uns um sieben Uhr einen Guten-Morgen-Tee bringen.

*Aber der Gerichtsdiener geht würdevoll und kommentarlos hinaus. Smith hat sein Gesicht für einen Moment in den Händen vergraben. Die anderen schauen ihn an.*

SCOTT *zu Sanders, flüsternd* Das war zu viel für den alten Knaben, es hat ihm den Rest gegeben.

SANDERS Das ist ziemlich verstörend, muss ich sagen.

JOHNSON *zu Smith, der zu sprechen anhebt* Wir haben schon genug gehört, Mr Smith. Wir haben die Nase voll von Zeugen und ihren Geschichten.

SMITH Das ist es ja eben. Wir hatten nichts als Geschichten. Fremde Geschichten von Leuten auf der Straße, die durch ein kleines Guckloch in ein Zimmer mit verhangenen Fenstern blicken.

SCOTT Aber was Sie uns jetzt erzählen, Mr Smith, ist doch auch nur eine Geschichte über andere Geschichten, und wenn Sie meine Meinung hören wollen, dann muss ich Ihnen sagen, dass Sie für weitere Gespräche nicht fit genug sind.

SMITH Wollen Sie mir nicht dabei helfen, alles zu verstehen? Wir haben noch gar nichts verstanden. Wir haben nur hie und da kleine Stückchen gesehen, belanglose Schnipsel, die sich nicht fügen. Alles ist zusammenhanglos, und manche von Ihnen haben die ganze Zeit gespürt, dass ein Fehler vorliegt, dass hier etwas grundfalsch ist … Nur ein Fünkchen Wahrheit. Wenn wir nur für einen winzigen Moment einen Blick auf die Wahrheit erhaschen könnten, würde der ganze Turm aus Fakten und Beweisen in sich zusammenstürzen.

SANDERS Aber Mr Smith, als Mann in verantwortungsvoller Position im Bankenwesen können Sie doch nicht einfach alle Gesetze der Logik in den Wind schlagen.

SMITH Das tue ich auch nicht. Es gibt aber Fälle, in denen sie nicht anwendbar sind. *Ungeduldig.* Nur Gauner öffnen alle Türen mit ein und demselben Schlüssel.

JOHNSON Halten Sie ruhig einen Philosophievortrag, aber ich will zur Hölle fahren, wenn Sie uns Ihre Unfalltheorie glaubhaft machen können.

KINGSLEY Herr Vorsitzender, ich protestiere energisch dagegen, dass hier irgendjemand noch einmal einer falschen Fährte nachgeht.

FOSTER Im Leben großer Männer sind Minuten Gold wert.

MISS MEAD Lassen Sie Mr Smith ausreden.

JOHNSON Es gibt nichts weiter zu sagen. Niemand kann die Fakten bestreiten. Wir bekommen allenfalls nur noch mehr Heilsarmeegeschwafel vorgesetzt. Warum machen wir nicht, was Kingsley vorgeschlagen hat?

SCOTT Hört, hört.

COOK Leider würde eine weitere Verhandlung ungeheure Ausgaben für den Staat bedeuten.

DUNN Nein, Sir, nein. Wir haben kein Recht dazu.

BRADLEY Die Angelegenheit ist zu wichtig. Wir können es uns nicht leisten, etwas außer Acht zu lassen, das uns vielleicht zu einem anderen Schluss führen würde.

MISS CADELL Mein Gott, wird dieser Albtraum irgendwann mal ein Ende haben?

SANDERS Dann bitte ich Sie, sich so kurz wie möglich zu fassen, Mr Smith, und sich die großen Strapazen vor Augen zu führen, denen alle bis hierher ausgesetzt waren.

MISS MEAD *mit Nachdruck* Reden Sie einfach so, wie Sie es für richtig erachten. Wir verschwenden ja nicht alle naselang unsere verbleibende Lebenszeit. Ich sehe wirklich keinen Grund, warum wir in einer solchen Situation wegen ein paar Minuten so viel Aufhebens machen.

JOHNSON *verliert die Beherrschung und beginnt, mit den Fäusten auf den Tisch zu schlagen* Aber wir wollen Fakten, Fakten, Fakten. Das ist nicht Mr Dunns himmlische Jury. Wir sind hier auf der Erde, mein

Herr, und einberufen, um über eines der teuflischsten Verbrechen zu urteilen, das je verübt worden ist, und jetzt, da wir alle gerade einen Weg gefunden haben, kommen Sie wie Kai aus der Kiste und behaupten, der Schurke sei unschuldig.

SMITH Aber diese Fakten. Sehen Sie nicht, wie widersprüchlich die sind? Liebe und Mord. Man kann nicht so lieben, wie Taylor geliebt hat, und trotzdem morden.

SCOTT *herablassend* Aber, aber, das klingt mir reichlich naiv in Anbetracht der Kriminalgeschichte weltweit. Gewiss war Blaubart äußerst zartfühlend zu seinen Frauen, bevor er ihrer überdrüssig wurde. Und ebenso alle Sexualstraftäter, während sie ihre Liebsten zerstückelten.

JOHNSON Das stimmt.

SMITH Taylors Liebe war anders. Es war weder Strohfeuer noch reine Begierde, es war auch nicht Liebe aus Gewohnheit, wie sie viele Männer an ihre Frauen bindet … Hätten Sie das Wort Liebe nie zuvor gehört, so könnte ich es Ihnen, glaube ich, nahebringen, aber Worte sind wie Schonbezüge, sie verbergen, was darunter liegt. Wir alle glauben zu wissen, was Liebe bedeutet, oder Tod. Sie sind uns so vertraut wie Schlagzeilen. Und doch ist der Tod … Auf einmal kennt man ihn, in dem Moment, da man auf einen leeren Stuhl blickt, auf dem gestern noch eine Frau gesessen hat, kennt ihn, wenn nachts das Haus voller Leere ist, wenn eine Stimme fehlt, wenn in einem Kissen noch Geruch und Umrisse eines Kopfes sind. Dann, für einen kurzen Moment, weiß man, was der Tod ist, und man beeilt sich, es gleich wieder zu vergessen. Und die Liebe. Sie ist nicht so, wie auf der Bühne oder wie Frühlingsgefühle, keine getrockneten Rosen in alten Büchern. Sie ist zwar auch das, aber noch viel mehr.

Sie ist schrecklich. Sie ist wie eine Seuche. Was wissen Menschen, die auf jene herabschauen, die so ein Brimborium darum machen, schon von einer Liebe wie der Taylors? Die Liebe eines einfachen, einsamen, hässlichen Kerls, eine Liebe, die ihn verbrennt wie eine Flamme.

*Diese lange, unerwartete Rede von Smith hat die meisten Geschworenen verstört.*

JOHNSON Aber das ist reiner Unsinn. Zubettgeh-Geschichten für romantisch veranlagte Frauen.

SANDERS Es ist erstaunlich, Mr Smith, dass ein Mann in Ihrer Position und mit Ihrem Ruf sich zum Anwalt von Taylors widerlicher Leidenschaft macht.

SMITH Verstehen Sie nicht, dass er sie gar nicht hat ermorden können? Er hat es erwogen, während vieler Nächte, in denen er neben ihr lag. Er hat mit Mordgedanken gespielt, wie Kinder mit gefährlichem Spielzeug spielen. Er konnte es nicht ertragen, wie sie jeden Mann angelächelt, sich jedermann zugewandt hat. Er träumte davon, ihr Gesicht mit Narben zu entstellen, damit sich niemand mehr nach ihr umdreht, außer er selbst. Er wünschte ihr, von einem Bus erfasst und bettlägerig zu werden, sodass er sie herumtragen und ihr die Kissen aufschütteln könnte, und sie sich mit jeder kleinen Bitte an ihn wenden müsste, und doch, wann immer sie sich verspätete, hämmerte sein Herz vor Angst, ihr könnte etwas zugestoßen sein.

JOHNSON *lacht brüllend auf* Gut, Mr Smith, ich muss schon sagen, Ihre Phantasie übersteigt alles, was ich je erlebt habe. Wirklich großartig.

MISS MEAD Hören Sie auf, so blöd zu lachen, das ist abstoßend.

JOHNSON *etwas kleinlaut, versucht sich wieder zu beherrschen* Kein Sinn für Humor, das ist Ihr Problem.

SANDERS Sie haben zugegeben, dass Taylor Mordgedanken hatte, Mr Smith. Sie widersprechen sich selbst.

SMITH Oh nein. Sehen Sie denn nicht? Er mag einen Revolver, ein Messer oder Gift gekauft haben, und doch hätte er nie die Hand gegen sie erheben können, ohne dass alle Glieder seines Körpers sich wie meuternde Soldaten gegen ihn gestellt hätten. Sie hatte von allem, was sein war, Besitz ergriffen. Sie war tief in ihm verwurzelt. Er ist ein toter Mann, egal was passiert. Sein Schweigen während der Verhandlung war das des Todes. Ihm ist gleich, ob wir ihn verurteilen oder nicht.

FOSTER Aber wenn es Taylor nicht kümmert, ob er gehängt wird oder nicht, warum sollte es Ihnen dann etwas ausmachen, Mr Smith? Hunderte Menschen sehen tagtäglich dem Tod ins Auge, und Sie rühren keinen Finger, um sie zu retten. Warum sorgen Sie sich so viel mehr um Taylor als um die anderen Dummköpfe?

SANDERS Mr Smith, Sie haben uns im besten Fall eine Hypothese geliefert. Aber sie wird durch keine der uns bekannten Tatsachen gestützt.

JOHNSON Was erwarten Sie, sollen wir Taylor freisprechen, nur weil Sie uns Märchen erzählen?

SMITH Bitte haben Sie Geduld. Ich weiß, es ist schwierig für Sie, es zu verstehen – ich möchte, dass Sie mir helfen.

BRADLEY Ich bin sicher, wir alle wollen Mr Smith helfen.

SMITH *verzweifelt darauf bedacht, sich verständlich zu machen* Wir haben Taylor nur im Profil gesehen, sein

Gesicht abgewandt. Wir sind ihm nie von Angesicht zu Angesicht begegnet. Wir haben von außen auf ihn drauf geschaut, ihn beurteilt und für nicht gut befunden. Er ist immer nur »er« geblieben, immer in der dritten Person. Ich weiß nicht, ob das für Sie Sinn ergibt.

MISS MEAD Oh doch, das tut es. Es ist eigenartig, dass auf alten Darstellungen mittelalterlicher Zusammenkünfte die Köpfe der guten Menschen uns anblicken und die der schlechten im Profil gemalt sind. Wie um sie abzustrafen, dahinter steht derselbe Gedanke.

SMITH Ja – das wusste ich nicht. Ich möchte gerne sein Profil so drehen, dass wir ihm ins Gesicht schauen. Es wäre nur ein Anfang, aber dann könnten wir alles in einem neuen Licht sehen.

SANDERS Das ist ein sehr interessanter Gedanke, den Sie da ausdrücken, Mr Smith.

JOHNSON Der Teufel soll mich holen, wenn wir nicht schon genug von diesem Trottel gesehen haben, im Profil oder sonst wie.

MRS THORNTON Hört, hört. Da kommt Ihnen wohl das Abendessen wieder hoch.

KINGSLEY Herr Vorsitzender, es gibt wirklich keinen Grund, diese Diskussion weiterzuführen.

BRADLEY *der aufmerksam zugehört hat, zu Smith* Wie hätte es ein Unfall sein können, Sir?

JOHNSON Ja, das würde ich auch gerne wissen.

SCOTT Das dürfte ein kleines bisschen schwieriger werden als Ihre Augenwischereien bisher.

DUNN Ich habe gespürt, dass der Schäfer recht hatte. Er hätte sie niemals töten können.

SMITH Hat er auch nicht. In der Nacht, in der er nach Hause kam, war er bereit, ihr alles zu verzeihen und von vorne anzufangen. Er war am Boden zerstört,

er konnte nicht tiefer fallen. Er hat ihr Blumen gekauft, einen lächerlichen Bund Veilchen, den er in der
Hosentasche trug. Sie waren zerdrückt, deswegen hat
er sie ihr nie gegeben.

JOHNSON *springt auf* Aber das ist absurd. Ich habe niemanden etwas dergleichen sagen hören.

BRADLEY *zieht ihn zurück* Lassen Sie Mr Smith bitte
ausreden?

*Johnson, obwohl noch immer ungeduldig, gibt nach und
setzt sich wieder.*

SMITH *spricht immer mehr wie ein Mann, der eine Vision hat* Er rannte die Stufen hoch. Er hätte es nicht
ertragen, sie nicht zu Hause anzutreffen. Aber sie war
da, saß ganz allein beim geöffneten Fenster, ihr Haar
leuchtete im Licht der Abendsonne. Sie war schöner
als je zuvor, und er fühlte sich wie ein Unmensch, weil
er sie verletzt und bedrängt hatte.

JOHNSON Sie sind ein Hellseher.

MISS MEAD Was ist dann passiert?

SCOTT Ja, genau. Würde es Ihnen etwas ausmachen zu
sagen, was *passiert* ist?

SMITH *sehr abwesend* Er küsste sie, und als er sie um-
armte, sah er die Perlen, die ihr Liebhaber ihr geschenkt hatte. *Die Verwunderung der anderen steigert
sich mit jedem von Smiths Worten, die immer wir-
rer werden.* Er versuchte, sie ihr vom Hals zu reißen.
*Getuschel zwischen Scott und Sanders. Bradley, Miss
Mead und Dunn schauen besorgt drein.* Sie wand sich
aus seinen Armen, tat einen Schritt Richtung Fenster, dann noch einen. Und dann … dort, wo der Topf
mit den roten Geranien stand, war plötzlich ein sich
drehendes schwarzes Loch, die ganze Welt war ein

furchtbares schwarzes Loch, das ihn einsog. Er wusste nicht, was geschehen war, selbst dann nicht, als er neben ihr im Hof stand und sie ihn abführten. Die Zeugen sprachen von Streitigkeiten und Drohungen, und dass sie gesehen hätten, wie er sie hinabgestoßen hatte. Er sagte nichts, kein Wort, bis der Richter sich den schwarzen Hut aufsetzte und sein Urteil fällte: »Man führe Sie alsdann zurück in das Gefängnis, aus dem Sie gekommen sind, führe Sie alsdann zur Hinrichtungsstätte, lasse Sie dort so lange hängen, bis Ihr Körper leblos ist, und möge der Herr Ihrer Seele gnädig sein.«

*Heftige Reaktionen bei den anderen. Bei Scott, Sanders, Johnson und Mrs Thornton ist es ein Gefühl der Erleichterung, dass plötzlich alles auf der Hand zu liegen scheint und ihre Überlegenheit wiederhergestellt ist.*

SANDERS Sie haben Recht, Mr Smith. Wir sollten Seine Ehren schnell darüber informieren.

SCOTT Jetzt haben Sie alles ganz unmissverständlich dargelegt, Mr Smith. Sie haben sich wirklich etwas Ruhe verdient.

KINGSLEY Läuten Sie besser nach dem Gerichtsdiener, Herr Vorsitzender.

SMITH *schüttelt Scotts Hand ab und steht auf. Bei seinem letzten Monolog hat er sich von seiner Leidenschaft mitreißen lassen, sodass er seine Worte offenbar weder mehr wählen noch kontrollieren konnte, nun aber ist er ganz ruhig und wendet sich mit einem sanften Lächeln an Sanders.* Nein, Herr Vorsitzender, ich bin nicht verrückt. Es ist nicht so einfach, wie Sie denken. Auch nicht so einfach, wie ich dachte. Aber jetzt, da ich damit angefangen habe, gehe ich auch bis zum bitteren Ende.

FOSTER *beugt sich gespannt über den Tisch* Da ist etwas, das Sie wissen und uns nicht erzählt haben, Mr Smith. Etwas, das Sie vor uns geheimhalten wollten. Alles, was sie gesagt haben, sollte es nur verdecken.

SMITH Das ist wahr.

FOSTER *beharrlich* Was macht Sie so sicher, dass Taylor unschuldig ist? Was wissen Sie wirklich über den Fall?

SMITH *leise* Ich werde es Ihnen sagen ...

*Vorhang.*

## 3. Akt

*Die Bühne sieht genauso aus wie im vorherigen Akt. Die Geschworenen befinden sich an denselben Positionen. Sie sitzen in gespannter Stille und sind von dem, was Smith gesagt hat, sichtlich irritiert. Smith selbst ist erschöpft und blass. Er fährt sich mit der Hand über die schweißbedeckte Stirn.*
*Im Verlauf des Gesprächs zu Beginn des Aktes verändert sich der Ton, er wird weniger naturalistisch, dafür langsamer und bedächtiger. Anfangs ist die Bühne voll ausgeleuchtet, doch das Licht wird nach und nach heruntergefahren, bis es ganz erlischt. Stattdessen beleuchtet ein Scheinwerfer vorne auf der Bühne Leiter und Brett, die im zweiten Akt dort aufgebaut worden sind und an denen die Umbauszenen stattfinden. Während der einzelnen Umbauten werden Parkbank, Bar, Zeugenstand etc. durch unterschiedliche Anordnungen von Leiter und Brett markiert. Jedes Mal, wenn eine Sequenz beginnt, wird dieser Teil der Bühne beleuchtet. Am Ende jeder Sequenz wechselt das Licht dann wieder auf Smith, der mit seiner Erzählung fortfährt.*

SANDERS Das ist ein äußerst verstörendes Geständnis, Mr Smith.

*Pause.*

JOHNSON Versetzt uns in eine verdammt blöde Lage.

*Auf Johnsons Worte folgt eine weitere Pause.*

KINGSLEY Es gibt nur einen Ausweg: Seine Ehren darüber zu informieren, dass diese Jury entlassen werden muss.

FOSTER Aber wie kommt es, dass Sie überhaupt hier sind, Mr Smith? Kein Mensch wird auf freien Fuß gesetzt, hat man sich erstmal in den Kopf gesetzt, ihn zu hängen. Wie haben Sie das geschafft? Was genau ist passiert?

*Licht auf Smith.*

SMITH Ich muss mit Ihnen 30 Jahre zurückgehen. Damals war ich ein komplett anderer, als ich es heute bin … ein schüchterner, einsamer Jugendlicher, *wendet sich an Bradley* ein bisschen so wie Sie, mit keiner Menschenseele auf der Welt, an die ich mich hätte halten können, und mit nicht einem Penny in der Tasche, und doch schwebte ich auf Wolke sieben, denn ich war in Mary verliebt, und sie hatte eingewilligt, sich mit mir im Park zu treffen.

*Als das Licht auf die Leiter fällt, erscheint sie wie eine Landschaft und das Brett davor wie eine Parkbank.*

KINGSLEY *anfangs laut, dann immer leiser, bis er nicht mehr zu hören ist* Aber verstehen Sie doch, wir haben wirklich keine Veranlassung …

*Währenddessen hat die Szene an der Leiter bereits begonnen. Bradley tritt von links auf, setzt sich auf die Parkbank. Miss Cadell kommt von rechts und setzt sich zu ihm.*

BRADLEY *freudestrahlend* Du bist also gekommen.
MISS CADELL  Habe ich doch gesagt.
BRADLEY  Ja, aber ich habe es kaum zu glauben gewagt.
MISS CADELL  Warum nicht?

BRADLEY Ich konnte einfach nicht. Ich habe nicht verstanden, wieso du das tun solltest. *Miss Cadell schaut
ihn lächelnd an.* Warum lachst du? Habe ich etwas
Blödes gesagt?

MISS CADELL Du bist ein ziemlich komischer Junge,
weißt du. Die anderen protzen immer so mit ihren
Autos, ihren Jobs, ihren Mädchen. Du bist anders.
Warum sagst du nichts?

BRADLEY Ich habe dich angeschaut.

MISS CADELL Ich kann mir nicht vorstellen, dass man
sich mein Gesicht gerne anschaut: der Mund zu groß,
die Haare zu rot, die Haut zu weiß.

BRADLEY *ernst* Es ist das schönste Gesicht, das ich je
gesehen habe. Lach nicht, Mary, es stimmt. Ich muss
immer daran denken. Wenn du nicht da bist, sehe ich
es trotzdem vor mir. Ich muss es gar nicht anschauen,
es ist überall.

*Eine kurze Pause.*

MISS CADELL Du wolltest mir etwas sagen, oder nicht?

BRADLEY Ich bin befördert worden. Ich werde zehn
Schilling die Woche mehr verdienen, und ich hoffe,
ich bekomme eine Erhöhung um weitere fünf Schilling zu Weihnachten.

MISS CADELL Wie schön ... *Pause.* ... Ist das alles, was
du mir sagen wolltest?

BRADLEY Nein, da ist noch etwas. Aber ich werde es dir
nicht sagen, es ist nichts Gutes.

MISS CADELL Aber wenn ich es doch hören möchte?

BRADLEY Mary, ich darf nicht. Du bist das wundervollste Mädchen auf der ganzen Welt, und nicht nur
für mich ... du bist es einfach. Und du möchtest ein
gutes Leben haben und schöne Dinge und ein eigenes

Haus, und ich kann mir dich nicht vorstellen, wie du Socken stopfst oder von oben bis unten in einer grässlichen Schürze steckst und Töpfe schrubbst.

MISS CADELL  Sockenstopfen mag ich wirklich nicht.

BRADLEY  Sieh mal, Mary, egal was ich dir jetzt sage, denn ich kann es vielleicht nicht verhindern. Hör einfach weg. Triff mich nie wieder im Park, wende dich ab, wenn du mich an einer Straßenecke stehen siehst. Ignoriere mich einfach.

MISS CADELL  Ok, ich verspreche es.

BRADLEY  *zitternd* Du versprichst es?

MISS CADELL  Du hast mich darum gebeten, oder nicht?

BRADLEY  Ja, habe ich. Und wenn ich dir dumme Briefe schreibe, schmeiß sie in den Müll, und wenn ich dich bitte, mich zu heiraten, sag mir, ich sei ein armer, eingebildeter Niemand.

MISS CADELL  Alles klar, mache ich.

BRADLEY  Und wenn ich dir verspreche, Tag und Nacht für dich zu arbeiten, härter als je ein Mann gearbeitet hat, nimm es nicht ernst. Jeder verspricht so etwas, nehme ich an, und … und wenn ich sage, dass ich dich mehr liebe, als ein Mann je eine Frau geliebt hat, glaube es nicht, auch wenn es wahr ist, Mary, wirklich wahr.

MISS CADELL  *weich* Du bist ein komischer Junge.

BRADLEY  Rede nicht so mit mir, Mary. Ich muss jetzt gehen. *Abrupt.* Gute Nacht.

MISS CADELL  Geh nicht.

BRADLEY  *dreht sich um* Willst du wirklich, dass ich bleibe?

MISS CADELL  *fährt über sein Gesicht* Dein Gesicht ist ja ganz nass.

BRADLEY  Lass mich gehen, Mary.

*Mary nimmt sein Gesicht in ihre Hände, zieht es zärtlich zu sich und küsst ihn.*

BRADLEY Mary, du hast mich geküsst ... du hast mich geküsst ... Mary ...

*Er wendet sich ab und rennt in die Dunkelheit. Das Licht blendet aus. Smith ist wieder im Scheinwerferlicht.*

SMITH Und dann haben wir geheiratet. Wir nahmen uns eine Wohnung im obersten Stock eines Hinterhauses. Wissen Sie, die Art von Haus, wo es laut und eng zugeht, voller Klatsch und Tratsch und den kleinen und großen Tragödien des Alltags, von denen alle denken, dass sie nur einem selbst widerfahren. Ich brauchte nicht lange, um einzusehen, dass unsere Ehe ein Fehler war. Mary langweilte sich und begann viel Zeit mit unserem jungen Nachbarn zu verbringen. Er hatte immer einen Witz auf Lager und scherte sich um nichts und niemanden, außer um sich selbst. Ich verabscheute ihn. Ich glaube, wir hätten einander nie gemocht, egal unter welchen Umständen wir uns kennengelernt hätten. Er war vom gleichen Schlag wie die, die mich in der Schule schikaniert hatten, die ich hasste, und bei denen ich mir trotzdem wünschte, ich wäre wie sie. Mary und ich hatten viele Auseinandersetzungen wegen ihm, und sie versprach mir, sich nicht mehr mit ihm zu treffen.

*Das Licht beleuchtet wieder den Bereich vor der Leiter. Das Brett ist nun ein Tisch, daran zwei Stühle, auf denen Miss Cadell und Scott sitzen. Auf dem Tisch steht eine kleine Schüssel mit warmem Wasser, in die Scott seine Hände taucht.*

SCOTT  Au, ist das heiß! Meine Finger werden noch aussehen wie Hot Dogs.

MISS CADELL  *lacht* Aber wie modebewusste Hunde mit manikürten Pfoten.

SCOTT  Vorsicht vor dem Hund!

*Will seine Hand aus dem Wasser ziehen.*

MISS CADELL  Lass sie noch drin.

SCOTT  Ich wüsste eine deutlich bessere Verwendung für sie, als sie in kochendem Wasser vor sich hin schrumpeln zu lassen.

*Nimmt sie heraus und legt sie um Miss Cadell. Sie ohrfeigt ihn und steckt seine Hände wieder in die Schüssel.*

MISS CADELL  Du musst sie einweichen, deine Nagelhäute sehen furchtbar aus!

SCOTT  Warum liegt dir eigentlich an meinem Aussehen, Mary?

MISS CADELL  Weiß nicht. Ist ein guter Zeitvertreib, nehme ich an, und warum sollten deine Freundinnen kein Vergnügen an dir haben, wenn du sie ausführst?

SCOTT  Da ist eine, die ich demnächst gerne mal ausführen würde.

MISS CADELL  Wirklich? Wie ist sie?

SCOTT  Oh, schwarze Haare, rundliches Gesicht, Doppelkinn, krumme Beine und Plattfüße.

MISS CADELL  *lacht* Du bist die Krönung, Frank. Nie ernst. Aber, weißt du, es tut gut, ab und an zu lachen.

SCOTT  *schaut sie an* Ich nehme an, du hast nicht allzu viele Gelegenheiten dazu.

MISS CADELL  *locker* Tom gibt sich alle Mühe, vermute ich.

SCOTT Eingedickte, in Flaschen abgefüllte Trübsal. Ehrlich, Mary, ich kann nicht mitansehen, wie du auf die Art dein Leben verschwendest.

MISS CADELL Red keinen Unsinn. *Pause.* Was würdest du mir raten?

SCOTT Oh, da gäbe es so einiges. Ich kann mir dich als Filmschauspielerin vorstellen. Du bist hundertmal hübscher als diese ganzen alten, dicken Glamour-Girls. Du hast Tausende von Möglichkeiten. Ich kann mir dich, zum Beispiel, auch beim Kampf morgen Abend vorstellen. Die ganz große Nummer. Weltmeisterschaftskampf – und du auf einem Platz direkt vorne am Ring neben einem frisch manikürten Gentleman, der dir alles übers Boxen sagen kann. Klingt das gut?

MISS CADELL Da begehen Sie einen großen Denkfehler, Sir. Wie, stellst du dir vor, sollte ich an einem Samstagabend ausgehen?

SCOTT Nichts leichter als das. Hast du nicht einen Onkel oder eine Tante oder sonst irgendwelche Verwandten?

MISS CADELL Was hat das damit zu tun?

SCOTT Dein lieber Großonkel, so bescheiden und zurückgezogen, dass du ihn bisher mit keinem Wort erwähnt hast, ist vom Kirschbaum gefallen und hat sich das Bein gebrochen.

MISS CADELL Ich glaube nicht, dass ich das könnte. Ich will mir nicht vorstellen, was passiert, wenn Tom das rausfindet.

SCOTT Das Leben ist voller Dinge, die nie herausgefunden werden, Mary. *Hebt die Schüssel, als wäre sie ein Glas Wein.* Auf die schönen Dinge, die nie herausgefunden werden.

*Ihre Gesichter sind ganz nah aneinander. Das Licht ist wieder auf Smiths Gesicht gerichtet, während die kleine Szene am Tisch ausblendet.*

SMITH Das Leben ist voller Dinge, die nie herausgefunden werden. Du kommst eine halbe Stunde früher als erwartet nach Hause und siehst Schatten an den Fenstern, und wenn du nach oben gehst und den Schlüssel ins Schloss steckst, ist da Stille. Und du betrittst das Zimmer, dein Herz wie ein Klumpen Blei, und du weißt nicht, was du sagen sollst, und alles, was du machst, ist falsch, und du hasst dich selber dafür …

*Auf der kleinen Bühne tritt nun Bradley ins Licht und spricht mit gespielter Nonchalance.*

BRADLEY Guten Abend!

MISS CADELL Du bist früh dran, Tom.

BRADLEY Scheint so.

SCOTT Sieh mal einer an, alter Knabe …

BRADLEY Versuch gar nicht erst, deine Sprüche zu klopfen.

MISS CADELL Mach dich nicht lächerlich, Tom, wir sind Nachbarn, oder nicht? Sollten wir da nicht freundlich zueinander sein?

BRADLEY *bemerkt die Schüssel auf dem Tisch und nimmt sie, tiefverletzt* Du hast diese Schüssel genommen, Mary?

MISS CADELL Ja, was ist damit? Da war nur warmes Wasser drin.

BRADLEY *wütend* Du hattest kein Recht, sie zu nehmen.

MISS CADELL Mach doch kein Drama draus.

SCOTT *steht auf* Ich muss dann mal los. Danke für den schönen Nachmittag.

MISS CADELL Ich möchte, dass du bleibst.

BRADLEY Mary!

MISS CADELL Ich bin in meinem eigenen Zuhause keine Gefangene, oder doch? Und ich kann Leute darum bitten, zu bleiben, wenn ich das möchte.

SCOTT Ich fürchte, ich habe gleich sowieso einen Termin. Dennoch vielen Dank.

MISS CADELL Nein, bitte geh nicht. Ich will nicht behandelt werden wie ein Kind und hier sitzen und ihm den ganzen Abend beim Schmollen zusehen. *Zu Bradley* Es ist abscheulich von dir, einen Gast so zu behandeln.

BRADLEY Ich habe ihn nicht eingeladen, Mary. Er ist nicht mein Gast.

SCOTT In Ordnung, nur keine Aufregung, bitte. Ich bin jetzt ohnehin weg.

MISS CADELL Ich habe dich gebeten, zu bleiben.

BRADLEY Und ich habe dir gesagt, zu gehen und nie wieder herzukommen.

SCOTT Hör mal, deiner Frau zuliebe habe ich mir viel von dir gefallen lassen, aber es gibt Grenzen.

BRADLEY *aufbrausend* Und lass dich hier nie wieder blicken, hast du verstanden?

*Bradley versucht Scott in Richtung Tür zu drängen – Scott dreht sich blitzschnell um. Ein kurzer Kampf, in dessen Verlauf die Schüssel herunterfällt und zu Bruch geht und Bradley zu Boden gestreckt wird.*

SCOTT Ich gehe jetzt. *Zu Mary.* Entschuldige bitte die unvorhergesehene Boxeinlage. Tatsächlich haben wir vor ein paar Minuten noch über Boxkämpfe gesprochen. Witzig, oder? Cheerio!

*Er geht ab. Bradley liegt noch auf dem Boden. Miss Cadell sammelt wütend die Scherben auf, ohne ihn eines Blickes zu würdigen.*

MISS CADELL  Bist du jetzt zufrieden? Die Wohnung ist das reinste Chaos, und ich stehe in meinen eigenen vier Wänden wie der letzte Trottel da. Ich schäme mich so sehr, dass ich nicht weiß, wie ich je wieder irgendwem unter die Augen treten soll … Du schaust mir ja schön aus. Wenn du nur mit dem Mund kämpfen kannst, lässt du ihn das nächste Mal besser geschlossen.

BRADLEY  Hör auf zu meckern, Mary, bitte. *Er steht kraftlos auf und setzt sich auf einen Stuhl.* Du weißt doch, dass du versprochen hast, ihn nie wiederzusehen.

MISS CADELL  Jetzt fang nicht schon wieder damit an. Ich habe die Nase voll davon. *Fängt an zu weinen.*

BRADLEY  Du darfst nicht weinen, Mary. Mag sein, dass ich ein Idiot gewesen bin, aber ich habe mich so auf diesen Abend gefreut, und dann komme ich nach Hause und sehe dich mit diesem Kerl, der seine Hand in meine Schüssel hält. Mary, du kannst doch nicht vergessen haben, wie wir sie gleich nach unserer Hochzeit gekauft haben. Erinnerst du dich an den kleinen Markt unter den Kastanienbäumen? Du erinnerst dich doch?

MISS CADELL  Die hat doch nur zwei Schilling gekostet, und du bist es, der sie kaputt gemacht hat.

BRADLEY  Es ist furchtbar, dass sie ausgerechnet heute zerbrochen ist.

MISS CADELL  Warum?

BRADLEY  Weißt du denn nicht, welches Datum wir haben?

MISS CADELL  Den Vierzehnten, glaube ich.

BRADLEY *glücklich* Du hast es also nicht vergessen?

MISS CADELL Was?

BRADLEY Vor einem Jahr haben wir uns verlobt. Deshalb habe ich versucht, früher nach Hause zu kommen.

MISS CADELL Ach ja, ich hatte den ganzen Tag über so viel zu tun, dass ich irgendwie nicht daran gedacht habe.

BRADLEY Macht nichts, ich habe etwas für dich … *Kramt in seiner Tasche und holt einen fragwürdig aussehenden Blumenstrauß hervor.*

MISS CADELL Was in aller Welt ist das?

BRADLEY Veilchen! Ich fürchte, sie machen nicht mehr viel her. Sie waren wundervoll, aber ich muss sie zerdrückt haben, als ich die Treppe hoch bin, und bei der Schlägerei natürlich. Ich habe gedacht, wir könnten sie in die Schüssel stellen.

MISS CADELL *nachgiebig lachend* Na ja, jetzt landen sie zusammen im Müll.

BRADLEY Du bist mir nicht mehr böse?

MISS CADELL Weißt du, manchmal denke ich, du hättest eine Frau werden sollen und ich ein Mann. Du bist viel empfindlicher und so, und du magst es, zu Hause herumzusitzen.

BRADLEY Nur wegen dir. Weil ich dann zusehe, wie du dich bewegst, wie du Dinge tust oder leise dasitzt und träumst.

MISS CADELL Das macht mir aber keinen Spaß.

BRADLEY Ich verstehe das, Mary. Ich will versuchen, weniger egoistisch zu sein. Es ist nur, weil ich es so sehr hasse, wie alle dich anstarren. Aber ich werde versuchen, es zu ignorieren. Du bist mein, oder nicht, Mary?

MISS CADELL Jetzt endlich bist du wieder ein guter Junge. Wir sind inzwischen ein altes Ehepaar. Zeit, vernünftig zu werden.

BRADLEY Ich war vernünftig, bevor ich dich kennengelernt habe, Mary, furchtbar vernünftig. Aber ich werde es nie wieder sein – daher werde ich es dir auch nicht sagen oder zeigen können. Ich bin ungeschickt und langweilig und manchmal ein regelrechtes Scheusal. *Sie hat ihre Hand auf seinen Kopf gelegt. Er nimmt ihre Hand und küsst sie.* Wenn du nur wüsstest, wie sehr ich dich liebe. Mehr als irgendjemand sonst. Küss mich, Mary.

MISS CADELL Versprichst du, nie wieder eifersüchtig zu sein?

BRADLEY Küss mich.

MISS CADELL Versprich es erst.

BRADLEY Ich verspreche es.

MISS CADELL Und mich nicht mehr wie eine Gefangene zu behandeln und mich auszuspionieren?

BRADLEY Das werde ich nicht mehr tun, Mary. Versprochen.

*Miss Cadell beugt sich zu ihm, berührt seine Stirn sanft mit ihren Lippen und macht ein paar Schritte rückwärts. Von draußen sind Pfiffe zu hören.*

MISS CADELL Ach ja, Tom, ich habe ganz vergessen dir zu sagen, dass mein Onkel einen Unfall hatte. Ich werde ihn morgen besuchen müssen.

*Das Licht blendet aus und beleuchtet wieder Smith.*

SMITH *fährt fort* Es gab viele Onkel und Tanten, von denen ich noch nie etwas gehört hatte. Das ganze

Haus war natürlich Zeuge und hat getratscht. Ich fühlte mich wie eine Spinne in einem klebrigen Netz, das um mich herum gesponnen wurde. Ich habe alle gemieden und war unfreundlich, um sie davon abzuhalten, mir etwas zu erzählen. Und doch konnte ich das Gerede nicht verhindern, und niemand war besser darin als unsere direkte Nachbarin, eine freundliche alte Wichtigtuerin mit drei hässlichen Töchtern. Seltsamerweise verabscheute sie Marys Schönheit nicht, sondern schien eher Gefallen daran zu finden.

*Licht vor der Leiter. Ein leerer, dunkler Rahmen deutet ein Fenster an, aus dem Mrs Thornton ihren Kopf hinauslehnt, während sie ohne Luft zu holen drauflosredet.*

MRS THORNTON  Sie verschwendet sich an ihn, das sage ich Ihnen. So ein hübsches Ding. Meine Töchter, Gott segne sie, sind allesamt gute, anständige Mädchen, und Gott sei Dank gesund, aber irgendwie sehen sie aus wie Heringe mit Lippenstift und Dauerwelle. Sie kommen halt nach ihrem Vater. Er hatte ein gutes Herz, das stimmt schon. Kein böses Wort von ihm, bis zum Ende nicht, Gott hab ihn selig, aber am besten sah er aus, wenn das Licht aus war. Und ich bin nun mal für einen Augenschmaus zu haben, genau wie die bildschöne Mary von drüben. Letzte Nacht hat sie geweint, und dieser Grobian hat die Tür so heftig zugeknallt, dass mein Kaktus vom Kaminsims geplumpst ist und den Fressnapf mit der Katzenmilch zerdeppert hat. Da werde ich ihm noch ein, zwei Takte zu sagen. Also, in letzter Zeit hat sie sich ja viel mit dem jungen Frank getroffen, und auch mit anderen. *Aufgeregt tuschelnd* Da ist dieser feine Pinkel, der das gleiche Auto fährt wie der Bürgermeister, der muss im Geld nur so schwimmen. Ich habe beobachtet, wie er sich mit ihr auf der Straße unterhalten hat ... Aber warum auch nicht? Da ist doch nichts dabei, sich zu unterhalten, oder? Und sie hat auch jede Menge neue Kleider. Aber sieht sie darin nicht bezaubernd aus? Du lieber Gott, mein Kuchen! Man sieht sich!

*Licht wieder auf Smith.*

SMITH Diese Kleider haben mir keine Ruhe gelassen. Ich wollte Mary nicht verbieten, sie zu kaufen. Ich wollte, dass sie hübsch aussah, aber mit einem Gehalt von nur zwei Pfund zehn die Woche konnten wir uns das einfach nicht leisten und haben Miese gemacht. Wir haben der Schneiderin in unserem Haus Geld geschuldet, der einzigen Person, die nett zu mir war und die mich zu mögen schien, auch wenn wir kaum ein paar Worte gewechselt haben. Vielleicht, weil sie selbst einsam und unglücklich war und deshalb mit mir mitfühlte.

*Licht vorne auf die Leiter. Miss Mead sitzt an einer imaginären Nähmaschine und arbeitet, als Bradley ins Zimmer kommt.*

BRADLEY Guten Abend, ich hoffe, ich störe Sie nicht.
MISS MEAD Ach, Sie sind das. Wie schön, dass Sie vorbeischauen. Ich kann dieses Kleid auch später fertig machen. Es hat keine Eile; setzen Sie sich doch.
BRADLEY Danke sehr. *Etwas steif.* Und, wie geht es Ihnen so?
MISS MEAD Ganz gut, danke. Und selbst?
BRADLEY Danke, mir geht es gut. *Sitzt etwas verkrampft da.*

MISS MEAD Das Wetter war in letzter Zeit ja nicht so doll.

BRADLEY Ja, hat viel geregnet, nicht wahr? Aber die Bauern haben sehnsüchtig darauf gewartet.

MISS MEAD Kann ich mir vorstellen.

*Lange Pause.*

BRADLEY *schüchtern* Ich komme wegen dem Geld.

MISS MEAD Welches Geld?

BRADLEY Für die Kleider meiner Frau. Es tut mir leid, dass ich das nicht schon früher regeln konnte.

MISS MEAD Aber sie hat mich doch letzte Woche bezahlt.

BRADLEY *entsetzt* Sie hat Sie bezahlt?

MISS MEAD Ja, am Dienstag. Zwei Pfund zehn. Gibt es ein Problem?

BRADLEY Nein, gar nicht. Ich bin nur etwas überrascht, das ist alles. Sie muss vergessen haben, es mir zu erzählen.

MISS MEAD Ja, das hat sie bestimmt. Es gibt so viele Dinge, an die man denken muss, nicht?

BRADLEY Ja, die gibt es. Und war da das neue Blaue schon mit eingerechnet?

MISS MEAD Sie meinen das aus Crêpe de Chine mit Spitzenkragen?

BRADLEY Ja, ich denke, das wird es sein.

MISS MEAD *wird von der Leidenschaft für ihren Beruf übermannt* Ich wünschte, ich hätte ihr so eines anbieten können. Aber das war ein Modellkleid aus London, keine Frage. Es war locker seine zehn Pfund wert.

BRADLEY Zehn Pfund?

MISS MEAD *bemerkt seine Reaktion, schnell* Sie wird es bei einem Schlussverkauf ergattert haben, wissen Sie. Es ist unglaublich, wie günstig die Sachen im Sommerschlussverkauf sind, besonders Kleider aus Amerika. Die treiben uns in den Ruin, sage ich immer.

*Während ihres Gesprächs kommt Foster hinzu und belauscht die letzten Worte.*

FOSTER Tatsächlich kann ich Ihnen genau sagen, wo es gekauft wurde. Ich bin zufällig an dem Geschäft vorbeigekommen.

MISS MEAD *unterbricht ihn wütend* Das will niemand wissen, John. Und du kannst hier nicht einfach so aufkreuzen, während ich arbeite.

FOSTER Bitte vielmals um Entschuldigung, liebe Schwester. Aber ich dachte mir, den netten Herrn hier interessiert es vielleicht, dass seine Frau im Auto dorthin gebracht wurde, von einem sehr eleganten Herrn mittleren Alters.

BRADLEY *sehr leise* Ja, ich weiß, der Onkel meiner Frau. Sie hat mir davon erzählt.

FOSTER Wie rührend. Er wirkte sehr verliebt in sie.

MISS MEAD *schnell, zu Bradley* Ich will Sie nicht länger aufhalten. Ihre Frau hat sicher das Abendessen auf dem Tisch.

BRADLEY Ja, ich muss los. Schönen Abend noch.

MISS MEAD Schönen Abend. Vorsicht, Stufe.

*Bradley geht ab.*

FOSTER *kichert* Mir gefällt der Einfall mit dem Onkel. Wen, denkt er, kann er damit für dumm verkaufen, dieser Trottel?

MISS MEAD Du bist ein Scheusal, John. Wenn du schon so tief gesunken bist, anderen Leuten hinterher zu spionieren, musst du nicht auch noch alles ausposaunen.

FOSTER Hältst du schon wieder eine Moralpredigt? Und warum, meine tugendhafte Schwester, willst ausgerechnet du diese Sache decken?

MISS MEAD Ich nehme mal an, sie hat sich nicht sehr verändert, seit du ihr in jedem Hauseingang aufgelauert hast.

FOSTER Falls es dich interessiert: Das tue ich immer noch. Um dies und das über die Gewohnheiten der Dame herauszufinden.

MISS MEAD Das ist eine schäbige Rache dafür, dass sie sich nicht für dich interessiert hat.

FOSTER Und was ist mit deinen zärtlichen Gefühlen?

MISS MEAD Sei kein Idiot.

FOSTER Bin ich nicht. Ich habe doch Augen im Kopf und sehe, wie du rot anläufst und grinst wie eine junge Braut. Vorsicht, Stufe, ja genau. Um mich bist du nie so besorgt.

MISS MEAD Du bist sehr gut in der Lage, auf dich selbst aufzupassen.

FOSTER Und er genauso. Er mit seinen Scheuklappen, der Dummkopf, damit er ja nicht sieht, was gut für ihn wäre.

MISS MEAD Es ist nicht deine Aufgabe, ihm die Augen zu öffnen.

FOSTER Ich weiß nicht. Es wäre doch überaus nachbarschaftlich, oder?

MISS MEAD Ich frage mich oft, was du an der Stelle hast, wo andere ihr Herz haben.

FOSTER Du hast den ganzen Abend Zeit, darüber nachzudenken. Ich haue ab. Es macht wenig Spaß, deinem Maschinchen und deinen Predigten zuzuhören. Ach, übrigens: Ich habe mir fünf Schilling genommen. Dass du später nicht behauptest, ich hätte es dir nicht gesagt. Auf Wiedersehen.

*Er geht raus, schlägt die Tür zu. Miss Mead ist allein. Sie schaut ihm nach, beginnt zu nähen, hört wieder auf, starrt ins Leere. Der Klang einer Schallplatte ist zu hören –*
»*Just tea for two*
*And two for tea.*
*Me for you*
*And you for me.*«
*Und das Lachen von Mary. Miss Mead seufzt, ohne zu weinen, sagt sehr langsam:*

MISS MEAD  Warum kriegen manche immer alles, Frauen wie sie? Krallen es sich und machen es kaputt und verschleudern es, wie verwöhnte Kinder. Warum bekommen die so viel Liebe und reißen sie in Fetzen und besudeln sie, während andere Tag und Nacht darauf warten, bis sie schrumpelig sind und dürr wie klapprige Hennen, oder dicke kleine Mädchen, die nie erwachsen werden? *Leise und sehr verletzlich* Jetzt ist es zu spät … ich wollte ja gar nicht viel. Nur jemand zum Liebhaben, jemand, der Danke sagt, wenn ich ihm sein Essen bringe oder seine Knöpfe annähe. Jemand, der merkt, wenn ich hämmernde Kopfschmerzen habe. *Kaum vernehmbar.* Jemand, der im Dunkeln neben mir liegt.

*Es wird dunkel auf der kleinen Bühne. Licht wieder auf Smith.*

SMITH  Die Dunkelheit ist kaum zu ertragen, wenn man unglücklich ist. Mary hat sich oft in den Schlaf geweint, während sie mir den Rücken zukehrte. Ich lag wach, schaute sie an und fragte mich, was sie wohl verbarg, versuchte aus Worten, die sie im Schlaf murmelte, herauszulesen, was für Geheimnisse sie hatte.

Wir hatten eine furchtbare Auseinandersetzung gehabt. Mary hatte zugegeben, sich das Geld von einem Freund geliehen zu haben, weigerte sich aber zu sagen, von wem. Ich konnte das nicht aushalten. Sie hatte wieder angefangen, Maniküre anzubieten, um uns über die Runden zu bringen. Ich konnte sie nicht davon abhalten. Das Geld, das ich verdiente, reichte nicht, und egal, wie viel, es wäre nie genug gewesen. Ich war kurz davor, den Verstand zu verlieren, und quälte mich Tag und Nacht mit dem immer gleichen Gedanken. Und John, der Bruder der Schneiderin, hörte nicht auf, mir zuzusetzen, und ließ es mich keinen Moment vergessen. Er spionierte Mary aus, wenn ich nicht da war, und erzählte mir von dem Gentleman mit dem Auto, den er mit ihr zusammen gesehen hatte. Als sie an diesem Nachmittag nach Hause kam, wurde ich das erste Mal handgreiflich und stellte sie zur Rede. Sie zog mich auf, verhöhnte mich, lachte mich aus und schleuderte mir irgendwann einen Namen und eine Adresse entgegen wie ein Stück Dreck. Es muss der erste Name gewesen sein, der ihr eingefallen ist. Ich konnte keinen klaren Gedanken fassen und schluckte den Köder, der ihr nur dazu gedient hatte, dass ich einen Moment von ihr abließ. Aber ich war so erleichtert, endlich den Namen einer realen Person zu haben, dass ich sogleich wie irre losrannte, um den Mann ausfindig zu machen …

*Licht auf die kleine Bühne. Cook sitzt in einem Sessel und ist wie ein Bestatter gekleidet, der einer Beerdigung beiwohnt. Er trägt schwarze Handschuhe und einen Zylinder. Ein schwarzes Telefon auf dem Tisch klingelt. Cook nimmt den Hörer ab.*

COOK Augustus Archibald Stone vom Bestattungs-
institut Stone and Partridges am Apparat ... Das tut
mir sehr leid zu hören, Sir, mein herzliches Beileid. Es
gibt drei unterschiedliche Ausstattungen, Sir. Alles
inklusive. Kategorie eins beinhaltet einen schön ge-
arbeiteten und perfekt angepassten Eichensarg, ge-
zogen von zwei schwarzen Pferden mit dazu passen-
dem Geschirr. *Er wird von der Person am anderen
Ende der Leitung unterbrochen.* Das würde einhundert
Pfund kosten, Sir. *Offensichtlich enttäuscht von der
Antwort* Ja, genau, ich habe einhundert Pfund gesagt.
*Die Antwort ist nicht zu hören, scheint Cook aber zu
bedrücken.* Es tut mir leid, Ihnen widersprechen zu
müssen, Sir. Sparsamkeit ist zu Lebzeiten für jede Ehe
sicher eine Zier, aber eine Beerdigung ist eine letzte
und einmalige Ausgabe, die also auch nicht mehr zu
einer extravaganten oder ausschweifenden Lebens-
weise verleiten kann. *Bekommt wieder eine unerfreu-
liche Antwort, die nicht zu hören ist.* Also bitte, Sir, es
gibt auch Kategorie zwei. Die ist natürlich der Trauer
nicht ganz so angemessen, aber immer noch durchaus
stimmungsvoll. Das Holz der Wahl wäre hier ... *Wieder wird er unterbrochen.* Fünfzig Pfund, Sir ... *Sehr
bekümmert* Nun gut, Sir, fünfundzwanzig Pfund. In
diesem Fall können wir leider nur ein Pferd zur Ver-
fügung stellen, und das Trauergeschirr und die Livree
der Begleiter würden entfallen. Natürlich können Sie
da keine Atmosphäre erwarten. Aber bitte, Sir. Es ist
Ihre Beerdigung.

*Cook legt auf, als Bradley hereingestürmt kommt. Für
einen Moment ist er völlig perplex.*

BRADLEY Entschuldigung. Ich möchte gerne Mr Augustus Archibald Stone sprechen.

COOK *mit einem angedeuteten Diener* Das bin ich, Sir. Was kann ich für Sie tun?

BRADLEY Sie haben schon ziemlich viel getan, ohne dass ich Sie darum gebeten hätte.

COOK Sir?

BRADLEY Meine Frau hat mir erzählt, dass Sie ihr Geld gegeben haben, leugnen ist also zwecklos. *Cook öffnet seinen Mund, um etwas zu sagen, bekommt aber keine Gelegenheit dazu. Wütend fährt Bradley fort.* Und wenn Sie sie noch einmal in Ihrem Auto herumkutschieren, wird es Ihnen leidtun. Und wagen Sie ja nicht, ihr noch mal Blumen mitzubringen oder Kleider zu kaufen und sie auszuführen. Sollte ich herausfinden, dass Sie es wieder mit Ihrem »Onkel«-Trick bei ihr versuchen, werde ich Ihren Zylinder zerquetschen und Ihnen den verdammten Hals umdrehen. Hier ist Ihr dreckiges Geld, und lassen Sie sich von mir nicht nochmal dabei erwischen, ihr Geschenke zu machen. *Knallt Geld auf den Tisch und stürmt davon.*

COOK *kommt erst jetzt dazu, etwas zu erwidern* Geschenke, Sir? Lassen Sie mich Ihnen versichern, dass ich kein leichtfertiger Mensch bin. Ich habe in meinem ganzen Leben noch niemandem etwas geschenkt. *Schüttelt den Kopf und nimmt das Geld.* Der Kerl hat sich noch nicht mal vorgestellt. Verrückt. Solche Männer machen es nicht lange. *Konsterniert steckt er sich das Geld in die Tasche.*

*Es wird dunkel auf der kleinen Bühne. Licht auf Smith.*

SMITH In dieser Nacht wollte ich mir das Leben nehmen. Ich verließ das Haus und blieb zum ersten Mal fort. Ich habe mich besinnungslos betrunken. Es tat gut und ich wiederholte es. Zwischen mir und Mary wurde es immer schlimmer. Doch jedes Mal, wenn ich nach Hause kam, packte mich die unerträgliche Angst, sie könnte mich verlassen haben, gefolgt von der wahnsinnigen Erleichterung, wenn ich sie dann sah. Es gab Tränen, Versöhnungen, Versprechungen und weitere Lügen. Ich hatte meine Stelle verloren, ich war zu nichts mehr imstande, außer dazu, Mary nachzustellen, und ich hatte kein Recht, ihr die Arbeit zu verbieten. Wir hatten immer noch genug zu essen, sie hatte neue Kleider und Hüte, von denen ich wusste, dass sie sich die von ihrem Einkommen nie hätte leisten können. Ich hörte auf, Fragen zu stellen, hatte aber keine ruhige Minute mehr. Ich verdächtigte jeden, ich hasste alle Männer. Trotzdem erwischte ich nie den, den ich suchte. Haben Sie schon mal ein Eichhörnchen in einem Rad gesehen, das es bei dem ängstlichen Versuch, zu fliehen, nur immer weiter antreibt? So habe ich gelebt. Im Vergleich dazu muss die Hölle das schiere Vergnügen sein. Und es gab einen Mann, der dafür sorgte, dass ich meine Angst nie überwinden konnte.

*Licht auf die kleine Bühne. Foster und Bradley stehen an einer Bar mit zwei Gläsern vor sich.*

FOSTER  Noch einen?

BRADLEY  Nein.

FOSTER  Warum nicht? Keine Kohle mehr? Daran liegt's, hä? Ich zahle.

BRADLEY  Ich sollte besser aufhören.

FOSTER  Du gibst es mir zurück, wenn du wieder Arbeit hast.

BRADLEY  Wann soll das sein?

FOSTER  Man weiß nie. Ich werde mein Geld schon zurückkriegen. Und wenn nicht von dir, dann von deiner Frau.

BRADLEY  Halt's Maul.

FOSTER  Schon gut, schon gut, nicht böse sein. Du wirst doch noch 'nen kleinen Scherz vertragen, was?

*Er schenkt Bradley nach. Bradley trinkt hastig.*

FOSTER  So ist es besser. Ich bin dein Freund, weißt du doch. Ich mag nicht mitansehen, wie du den Bach runtergehst wegen einer Frau, die ... *Bradley macht eine plötzliche Bewegung.* Ich spreche jetzt über Frauen im Allgemeinen. Sie sind doch alle gleich. Die hübschen sind zuckersüße Flittchen, darauf aus, so viele Fliegen wie möglich anzuziehen. Billig und launisch sind die.

BRADLEY  Vielleicht ist auch alles ganz harmlos.

FOSTER  Klar, kann sein. Mit einem Typen ins Bett zu gehen, ist, so besehen, auch ganz harmlos. Wohlgemerkt, ich behaupte nicht, dass es so ist, nur sagt mir die Lebenserfahrung, dass Kleider und Schmuck nicht von den Bäumen fallen, solange man nicht ein wenig daran rüttelt. Wo wir gerade dabei sind: Ich habe sie heute beim Juwelier gesehen.

BRADLEY  Wann?

FOSTER  Nachmittags, so gegen fünf. Ich habe durch das Schaufenster gesehen, wie er ihr eine Perlenkette um den Hals legte. Sie hat ihn angeschaut, so ... du weißt schon wie, und hat gelacht.

BRADLEY  Erzähl weiter, erzähl.

FOSTER  Dann sind sie rausgekommen, und ich bin abgehauen.

BRADLEY  Wieso hast du sie nicht aufgehalten?

FOSTER  Sei kein Dummkopf. Wie käme ich dazu, sie aufzuhalten?

BRADLEY  Also hast du sie in das Auto steigen lassen?

FOSTER  Na klar. Man kann niemanden daran hindern, mit einer Dame ins eigene Auto zu steigen.

BRADLEY  Wo ist er mit ihr hin?

FOSTER  Sie sind Richtung Küste gefahren. Es hat zwar geregnet, aber es gibt dort sehr hübsche Landhotels. Manchmal vermieten sie Zimmer auch nur für einen Nachmittag, wenn man genug dafür zahlt.

BRADLEY  Wenn ich nach Hause komme, bringe ich sie um. Noch bevor sie den Mund aufmachen kann, um eine weitere ihrer Lügen zu erzählen. Ich werde meine Finger hier um ihren Hals legen, genau da, wo er seine Perlen um sie gelegt hat. Meine Finger geben doch auch eine ganz hübsche Halskette ab, oder nicht?

*Betrunken demonstriert er an Foster, was er vorhat.*

FOSTER  *befreit sich mühsam* He, aus Versehen bringst du mich noch um. Ich bin doch nur die Zweitbesetzung.

*Bradley lässt ihn los, zittert am ganzen Körper, vergräbt sein Gesicht in den Händen, um seine Tränen zurückzuhalten.*

FOSTER  *herablassend* Sei nicht kindisch, mein Junge. Ich würde mir für eine wie Mary nicht das Genick brechen lassen. Und wir würden ihn nie zu fassen kriegen, er würde sich einfach aus dem Staub machen. Nein, Tom, hör zu, wenn wir es nur geschickt genug anstellen, hat die elende Arbeitssuche ein Ende, für dich und für den, der der Sohn meiner Mutter ist, auch. Wenn wir uns ruhig verhalten und auf der Hut sind, können wir aus diesem Gentleman eine hübsche lebenslange Rente rausquetschen, sogar dann noch, wenn er die Lust an ihr verloren hat. Er muss doch gute Gründe haben, so verdammt vorsichtig zu sein. Verstehst du, was ich meine?

*Bradley erholt sich langsam von seiner Trunkenheit, durch Fosters Worte plötzlich nüchtern geworden. Die Wut steht ihm ins Gesicht geschrieben.*

BRADLEY Ja, ich glaube, ich weiß, was du meinst, du Schwein.

*Er hebt die Faust, Foster macht eine schnelle Bewegung, um dem Schlag auszuweichen. Es wird dunkel auf der kleinen Bühne, Licht auf Smith.*

SMITH Ich habe ihm ins Gesicht geschlagen und bin gegangen. Ich sprach nie wieder ein Wort mit ihm und machte ihn mir zum schlimmsten Feind, den ich je hatte. Ich wusste nicht mehr, was ich an diesem Abend alles gesagt hatte, es fiel mir erst wieder ein, als ich hörte, wie John es im Zeugenstand auf sinnentstellende Weise wiedergab ... All diese Zeugen dachten, sie würden die Wahrheit sprechen. Jeder Stein passte auf den anderen, es gab keine einzige Lücke, durch die ich mich hätte herauswinden können. Da war die Nachbarin, von der ich Ihnen erzählt habe.

*Licht wieder auf die kleine Bühne. Dort ist eine Art Zeugenstand, in dem Mrs Thornton steht.*

MRS THORNTON Ich war gerade dabei, Blätterteig zu machen, um mir mal was zu gönnen. Und Sie wissen ja, wie sehr man dabei achtgeben muss. Wenn man ihn falsch rollt, geht das verdammte Ding nicht auf. Ich habe sie streiten hören, weil ihr Wohnzimmer direkt an meine Küche grenzt. Ich kriege alles genau mit, natürlich nur, wenn ich Zeit habe. Aber mit dem Blätterteig auf dem Blech …

STIMME *unterbricht* Würden Sie bitte unnötige Details auslassen und zum Punkt kommen.

MRS THORNTON Na schön, guter Mann … Ich habe gehört, wie sie eine heftige Auseinandersetzung hatten. Ich habe dem keine große Beachtung geschenkt, weil sie ja ständig zankten. Bis ich sie schreien hörte: »Loslassen!« Dann habe ich rübergeschaut. Sie waren am Fenster, es stand auch offen. Und das Nächste, was ich sah, war, wie dieser brutale Kerl sie runtergestoßen hat. Sie schrie und ich schrie, aber ich kann nicht sagen, dass mich das wirklich überrascht hat, denn …

*Ihre Stimme ist immer schlechter zu verstehen. Es wird dunkel auf der kleinen Bühne. Licht auf Smith.*

SMITH Und dann war da ein alter Mann von gegenüber, ein pensionierter Buchbinder, der nichts zu tun hatte und dessen Lieblingsbeschäftigung es war, seine Nachbarn mit dem Opernglas zu beobachten.

*Licht auf die kleine Bühne. Johnson ist im Zeugenstand.*

JOHNSON *sehr langsam* Ich habe ein paar nette Stunden damit zugebracht, ihr zuzuschauen. Das macht richtig Spaß, verstehen Sie? Mehr als bei Pferderennen zuzusehen, und ohne dass man Gefahr läuft, Geld zu verlieren. Besser, als ins Theater zu gehen, sag ich immer. Leute machen komische Sachen, wenn sie sich unbeobachtet fühlen. Natürlich habe ich nicht gerne alten Knackern dabei zugesehen, wie sie über ihrem Papierkram brüteten oder sich ihre ausgebeulten Hosen auszogen. Aber es gab einiges, was sich anzuschauen lohnte, das kann ich Ihnen sagen ... *Zögert einen Moment.* Und mit am meisten sie, Mary. Ich habe sie viele Male beobachtet, und immer war es das wert. Ich erinnere mich an diesen Nachmittag, als wäre es gestern gewesen. Sie hatte früh angefangen, sich schick zu machen, und ich dachte so bei mir: »Oho, also du gehst heute Abend noch aus, was?« Da war sie, stolzierte in ihrem Bademantel herum, schminkte sich und machte sich so richtig schick. Sie war gerade fertig, als er hereinkam. Er fing an zu reden, schien etwas gegen ihr Kleid einzuwenden zu haben, oder gegen etwas anderes, was sie trug. Sie gingen wie verrückt aufeinander los, schaukelten sich gegenseitig hoch. Aber das hatten sie schon Dutzende Male gemacht, daran war nichts Ungewöhnliches. Im Grunde begann ich mich etwas zu langweilen. Da plötzlich wurden sie handgreiflich, und er zog sie rüber zum Fenster. Ich konnte sehen, wie sie versuchte, sich von ihm loszureißen, aber vergebens. Schließlich kriegte er sie zum Fensterbrett und warf sie hinaus wie einen Sack Kohlen. Ich sah sie in den Hof hinunterfallen, aufs Pflaster. Sie muss sofort tot gewesen sein. Mir war hundeelend zumute.

*Es wird dunkel auf der kleinen Bühne, Licht auf Smith.*

SMITH Der Erste, der Mary dort liegen sah, war ein wunderlicher älterer Mann, der für gewöhnlich den Hof kehrte. Ich kannte ihn nicht und hatte nie ein

Wort mit ihm gewechselt, aber er schien Verständnis zu haben für meine Gefühle in dieser Situation.

*Licht auf die kleine Bühne. Dunn im Zeugenstand.*

DUNN Er war ein gebrochener Mann. Das konnte ich sehen. Er hat nichts vorgespielt, er war verzweifelt. Er kriegte nichts mit von der Menschenansammlung, und auch nicht von den Blicken aus den Fenstern. All die Schreie und Rufe nach der Polizei hat er nicht gehört – er war allein mit ihr auf dem Hof. Ich habe gesehen, wie er ihre Hand nahm, wie er sie so anhob und in Tränen ausbrach, als sie schlaff wieder herunterfiel. Es müsste verboten werden, dass Leute um einen Mann herumstehen und glotzen, der so weint.

STIMME Würden Sie uns erzählen, was der Angeklagte gesagt hat?

DUNN *fährt fort* Er sagte: »Ich habe dich umgebracht, Mary, Mary, vergib mir.«

STIMME Ich denke, das ist alles, danke.

*Dunn blickt sich hilflos um. Die kleine Bühne wird dunkel, Licht auf Smith.*

SMITH Allen schien alles so klar zu sein. Sie wussten über alles Bescheid. Ich konnte ihnen nicht sagen, was ich nun Ihnen sagen werde, selbst wenn ich das Schweigen hätte brechen können, das von mir Besitz ergriffen hatte. Es hätte wie eine erfundene Geschichte geklungen, niemand hätte sie geglaubt … Es war ein paar Wochen nach der Nacht in der Bar. Furchtbare Wochen voller Verzweiflung, erdrückend und beschämend. Eine Zeit, in der ich immer und immer wieder plante, Mary zu verlassen und ein neues Leben zu beginnen, aber so wie Ebbe und Flut kamen auch meine Gefühle für Mary zurück, erfassten mich und warfen mich ihr vor die Füße. Fortan glaubte ich ihr die offensichtlichsten Lügen, fühlte mich schlecht wegen meiner Zweifel und Ungeduld, bis ich ihr aufs Neue auf die Schliche kam. An diesem einen Nachmittag ist etwas Unerwartetes passiert. Ich hatte Arbeit gefunden. Nichts Großartiges, aber ich war zufrieden. Abends ging ich nach Hause, es war ein frühlingshafter Tag, und ich erinnere mich an das Schimmern der nassen Straßen im Laternenlicht. Ich begann zu rennen, und bei dem Gedanken an Mary empfand ich das Gleiche wie an jenem Abend vor mehr als einem Jahr, als wir uns im Park getroffen hatten. Ich war mir sicher, dass wir beide ganz von vorne würden anfangen können.

*Licht auf die kleine Bühne. Fensterrahmen mit Blumentöpfen. Vorne ein Spiegel, vor dem Miss Cadell sitzt und ihren Haaren und ihrem Make-up den letzten Schliff verpasst. Bevor Bradley eintritt, lässt sie die Perlenkette, die sie trägt, schnell unter ihrem Kleid verschwinden. Bradley kommt herein.*

BRADLEY Guten Abend, Mary!
MISS CADELL *schenkt ihm keine sonderliche Beachtung* Guten Abend.
BRADLEY Gehst du aus?
MISS CADELL *trotzig* Ja, Frank und ich gehen ins Kino. Ich wusste ja nicht, ob du nach Hause kommst. Hast du in letzter Zeit nicht oft gemacht.
BRADLEY Ich weiß.

*Eine kurze Pause.*

150

MISS CADELL  Es ist kaum was zu essen da.

BRADLEY  Kein Problem, macht nichts.

MISS CADELL  *ist aufgestanden und sucht ihre Sachen zusammen* Gut, ich bin dann weg. Bis später.

BRADLEY  Kannst du diese Verabredung nicht absagen, Mary?

MISS CADELL  Kommt gar nicht in Frage. Du kannst von mir nicht erwarten, hier zu Hause zu sitzen, während du dich jeden Abend im Pub dumm und dämlich säufst.

BRADLEY  Mary!

MISS CADELL  Stimmt doch, oder etwa nicht? Ich verdiene meinen eigenen Lebensunterhalt und ich lebe mein Leben, wie es mir gefällt. Ich habe es satt, von dir schikaniert zu werden und hier in diesem mickrigen Loch zu versauern, das du für ein Zuhause hältst, auf das man stolz sein kann.

BRADLEY  Am Anfang fandest du nicht, dass es ein mickriges Loch ist.

MISS CADELL  Jetzt aber schon. Es zermürbt mich, genau wie du, falls es dich interessiert. Ich kenne jedes Wort, das du von jetzt an bis zum Jüngsten Gericht sagen wirst. So überraschend wie ein Penny, den man in einen Automaten wirft.

BRADLEY  *mit anschwellendem Ärger* Schämst du dich eigentlich nie für dich selbst, Mary?

MISS CADELL  Schämen? Du bist lustig. Für was sollte ich mich schämen? Du bist der, der sich schämen sollte.

BRADLEY  *muss sich sehr zusammenreißen* Bitte, Mary, lass das. Lass uns nicht schon wieder streiten. Ich bin dessen so müde. Todmüde.

MISS CADELL  *etwas beeindruckt von der Art, wie er das gesagt hat* Wer ist das nicht?

BRADLEY Weißt du, Mary, ich habe heute einen Job bekommen, und ich werde nicht mehr trinken und nicht mehr fortbleiben. Ich weiß, dass ich in den letzten Wochen furchtbar gewesen bin. Ich war so verzweifelt, Mary.

MISS CADELL Es gab wirklich keinen Grund, zu verzweifeln, außer natürlich in deiner Phantasie.

BRADLEY Mary, lass uns von vorne anfangen, vergiss alles, was falsch gelaufen ist. Ich weiß, ich habe es nicht annähernd genug versucht, aber von nun an werde ich es, das verspreche ich.

MISS CADELL Nichts ist gut, Tom. Du wirst nie aufhören, eifersüchtig zu sein.

BRADLEY Stellen wir uns vor, wir hätten heute geheiratet, vor einer Stunde, und wir gehen das erste Mal zusammen aus. *Wie ein aufgedrehtes Kind* Möchtest du lieber ins Kino oder in ein Café? Wir machen, was du willst.

MISS CADELL Du bist süß.

BRADLEY Bitte, Mary, bitte.

MISS CADELL Na gut, ich sage Frank für heute Abend ab. Wir können auch ein andermal gehen.

BRADLEY *überaus glücklich* Oh, das ist so wunderbar von dir, Mary …

*Bradley hält für einen Moment inne.*

MISS CADELL Was ist?

BRADLEY Mary, ich weiß, dass ich es nicht verdiene, aber bitte beantworte mir eine Frage. Dann werde ich dir auch nie mehr irgendwelche Fragen stellen.

MISS CADELL Was für eine?

BRADLEY Ich weiß es natürlich, aber bitte schwöre mir, dass du keine Perlenkette besitzt.

MISS CADELL *lacht gekünstelt* Eine Perlenkette?

BRADLEY Lach nicht, Mary. Ich meine das furchtbar ernst. Ich kann es nicht aus meinem Kopf bekommen.

MISS CADELL Hör mir mal zu, Tom. Ich werde so eine dumme Frage nicht beantworten. Sie ist absurd und dämlich. Aber ich weiß schon, wo du das herhast. Dieser kleine Schleicher hat dir das Gehirn vernebelt mit seinen ekelhaften Geschichten, aus Rache, weil ich ihn zurückgewiesen habe. Und du glaubst so einem gehässigen Kerl mehr als deiner eigenen Frau.

BRADLEY Das stimmt nicht, Mary. Ich glaube dir. Ich könnte nicht atmen, wenn ich es nicht täte.

MISS CADELL Ich erzähle dir was über deinen Freund. Einmal hat er versucht, mich in einem Hauseingang zu küssen, und ich habe ihm ins Gesicht geschlagen.

BRADLEY Dieses Schwein! Ich war so ein Dummkopf, Mary. Da ist so vieles, das ich jetzt endlich beginne, klar zu sehen. Kannst du mir verzeihen? Ich habe dich davor gewarnt, mich zu heiraten. Das kannst du nicht abstreiten, Mary.

MISS CADELL *lächelt* Ich hatte schon immer meinen eigenen Kopf. Vielleicht hätte ich dich nicht geheiratet, hättest du mich nicht gewarnt.

BRADLEY *umarmt sie* Wenn ich dich nur ein bisschen weniger lieben könnte, wäre ich so lieb und angenehm, Mary. Es ist nur, weil ich dich so sehr liebe, dass alles so wehtut.

MISS CADELL Du weißt, dass ich dich sehr mag, wenn du nicht gerade schmollst oder verrückt spielst.

BRADLEY Ich kann nicht aufhören, dich zu lieben. Ich habe es versucht, als ich sauer und wütend war, aber ich kann keine andere Frau anschauen. Da ist kein Platz für irgendjemanden sonst. Es ist Mary, immer nur Mary, auch wenn ich dich hasse und dich beschimpfe. *Küsst sie.* Du bist das wundervollste Ding auf Erden.

MISS CADELL  Du kannst mich doch nicht hier am Fenster küssen.

BRADLEY  Dann komm weg vom Fenster. Lass uns jetzt nicht ausgehen. Ich will dich so sehr.

*Er versucht sie wegzuziehen, ans Ende der kleinen Bühne.*

MISS CADELL  Du zerknitterst mein Kleid.

BRADLEY  Vergiss das Kleid. Wir ziehen es dir aus.

*Er knöpft das Kleid auf und entdeckt die Perlenkette darunter, wird wütend und macht ein paar Schritte rückwärts.*

BRADLEY  Was ist das, was du da unter deinem Kleid versteckst?

MISS CADELL  Nichts. Ich weiß nicht, wovon du sprichst.

BRADLEY  Doch, das weißt du. Zeig mir die Kette.

MISS CADELL  *lacht gezwungen* Die Perlenkette, das ist es, was dich gebissen hat. Bitte, die hat sechs Penny gekostet, ich habe sie bei Woolworth gekauft. Sie muss runtergerutscht sein. Für den Preis kann man auch nicht viel erwarten.

BRADLEY  Du lügst.

MISS CADELL  Na gut, dann rede ich halt gar nicht mehr mit dir.

BRADLEY  Gib mir die Kette!

MISS CADELL  Du hast versprochen, mir zu glauben. Das also ist deine Liebe.

BRADLEY  *leise, aber mit großer Leidenschaft* Ich habe dir gesagt, dass ich nicht aufhören werde dich zu lieben, Mary. Aber von jetzt an weiß ich, was du bist. Man kann auch ein Flittchen lieben, oder nicht?

MISS CADELL  Du bist verrückt.

BRADLEY  Du bestehst aus Lügen, Mary. Deine Augen, deine Haare, dein Mund. Auch wenn ich dich in Stücke risse, würde ich kein Fitzelchen Wahrheit finden.

*Er streckt seine Hand nach der Perlenkette aus.*

MISS CADELL  Wage es nicht, mich anzufassen.

*Er versucht ihr die Perlenkette zu entreißen, doch sie wimmelt ihn ab. Bradley erwischt nur ihr Taschentuch, das zu Boden fällt. Bradley hält einen Moment verblüfft inne. Ein Spannungsmoment, der an denjenigen aus dem ersten Akt erinnert, was Bradley, der sich bückt und das Taschentuch aufhebt, offensichtlich aus der Fassung bringt.*

MISS CADELL  *bemerkt die Veränderung zu ihren Gunsten* Kann ich bitte mein Taschentuch wiederhaben?

*Sie macht einen Schritt auf ihn zu, als Smith vom Tisch auf die kleine Bühne stürmt und sie harsch unterbricht.*

SMITH  Nein, nicht so … so war es nicht.

*Er schubst Bradley beiseite und übernimmt dessen Rolle. Dieser Wechsel geht so schnell vonstatten, dass Miss Cadell darauf nicht reagieren kann, sondern nur kokett wiederholt:*

MISS CADELL  Kann ich bitte mein Taschentuch wiederhaben?

SMITH  Gib mir die Kette.

*Macht einen Schritt auf sie zu, sie weicht zurück.*

MISS CADELL  Nein!

SMITH  Dieses Mal wird die Wahrheit ans Licht kommen, was auch immer sie sein mag. Wenn ich falsch liege, habe ich noch mein Leben lang Zeit, es wiedergutzumachen, dich dazu zu bringen, mir zu verzeihen und mich zu lieben.

MISS CADELL  Du wirst nie wieder eine Gelegenheit dazu haben. Verstehst du mich? *Sehr wütend* Na schön, wenn du alles wissen willst, bitte ... *Holt die Perlenkette hervor und lässt sie vor ihm hin und her baumeln.* Sieh sie dir an. Sie ist echt. Sie ist schön. Ich habe mich nie für dich interessiert, nie, verstehst du? Ich werde diese Kette tragen und stolz darauf sein. Ich hau ab von hier.

SMITH  Du gehst nirgendwohin, Mary.

MISS CADELL  Wie willst du mich davon abhalten, mich umbringen, oder was?

SMITH  Ich werde dich nicht umbringen, Mary.

MISS CADELL  Ich weiß, denn dazu hast du gar nicht den Mumm. Du kannst wimmern und mich tyrannisieren. Aber ein Mann bist du nicht.

SMITH  Du wirst dieses Zimmer nicht verlassen, Mary.

MISS CADELL  Nein? Dann sieh her ... *Versucht, an ihm vorbeizukommen, immer wütender.* Du hast mir schöne Geschenke gemacht, was? Armbänder und Kleider und Perlen. Die ihre zweihundert Pfund wert sind. Hörst du? Zweihundert Pfund.

SMITH  Gleich werden sie keine sechs Penny mehr wert sein, Mary.

*Unerwartet fest drückt er sie an sich, streckt seine Hand nach der Kette aus.*

MISS CADELL  Lass mich los, du Schwein. Ich werde das ganze Haus zusammenbrüllen, wenn du sie anfasst. *Mit schriller Stimme* Loslassen!

*Macht eine heftige Bewegung, schüttelt ihn ab, stolpert nach hinten zum Fenster und fällt rücklings hinaus. Zwei Stimmen schreien gleichzeitig auf, dann Stille. Das Licht blendet auf der kleinen Bühne ab, während ganz langsam wieder der Tisch beleuchtet wird. Auf der dunklen kleinen Bühne sind die starren Umrisse von Smith zu sehen.*

SMITH  *flüsternd* Mary! Mary!

*Während es immer noch dunkel ist, schlägt die Uhr draußen neun. Nach und nach normalisiert sich das Licht wieder. Alle nehmen genau dieselben Positionen und Haltungen ein wie zu Beginn des Aktes. Smith sitzt müde und erschöpft auf seinem Stuhl. Die anderen sind still. Allmählich kommt wieder Leben in sie, wortlos stehen einige von ihnen auf, schieben ihre Stühle zurück. Kingsley und Cook gehen zum kleinen Tisch links, Scott und Miss Cadell zum Fenster, Mrs Thornton, Johnson und Sanders nach links vorne, Foster nach rechts vorne. Dunn bleibt links von Smith sitzen, Miss Mead rechts von ihm, und Bradley ihm gegenüber. Für eine Weile sprechen alle sehr leise.*

JOHNSON  Das ist die merkwürdigste Geschichte, die ich je gehört habe.

MRS THORNTON  Das hätte ich nie für möglich gehalten.

SANDERS  In der Schule des Lebens lernen wir nie aus.

COOK  *zu Kingsley* »Stille Wasser sind tief.«

*Kingsley gibt keinen Kommentar ab.*

MISS CADELL *sehr beeindruckt* Es gibt doch immer noch Menschen, die das Richtige tun.

SCOTT *versucht schlagfertig zu sein, ist aber nicht so selbstsicher wie sonst* Kommt ganz darauf an, was man unter dem Richtigen versteht.

*Foster ist der Erste, der sich direkt an Smith wendet, er geht zu ihm und nimmt zur Überraschung aller Smiths Hand in die seine.*

FOSTER Mr Smith, gäbe es mehr Menschen wie Sie, wäre die Welt nicht so ein lausiger Ort.

MISS MEAD Ich glaube, so etwas in der Art fühlen wir alle. *Wendet sich an Smith.* Aber Sie haben uns noch nicht gesagt, was dann mit Ihnen geschehen ist, Mr Smith.

SMITH *leise* Ich wurde zum Tode verurteilt. Der Schuldspruch wurde später in lebenslänglich umgewandelt. Nach drei Jahren Gefängnis konnte ich fliehen. Unter neuem Namen und nach unzähligen Fehlern habe ich mir in einer anderen Stadt ein neues Leben aufgebaut. Ich habe meine jetzige Frau kennengelernt, und unsere Kinder sind auf die Welt gekommen. Das Leben war so friedlich, dass ich beinahe alles vergessen hätte. So als wäre es in einem Traum passiert, oder einem entfernten Bekannten aus früheren Zeiten, bis zu dem Tag, an dem diese Verhandlung begann. Aber jetzt ist mir egal, welchen Preis ich zu zahlen habe.

BRADLEY Niemand wird Sie verraten.

SMITH Ich weiß, doch die Vergangenheit hat ihre Spuren hinterlassen. Sie hat wieder Besitz von mir ergriffen. Zumindest ist Taylor gerettet.

JOHNSON Verdammt noch mal, jetzt sieht alles schon wieder ganz anders aus. Auch wenn es bei Taylor nicht ganz genauso war, könnte es doch so gewesen sein. Was denken Sie, Herr Vorsitzender?

SANDERS Um einen Mann in den Tod zu schicken, braucht es vollständige und absolute Gewissheit. Wenn die nicht mehr gegeben ist, brächte es kein vernünftiger Mensch über sich.

KINGSLEY Das stimmt schon. Aber nachdem wir Mr Smiths Geschichte gehört haben, die sehr bewegend war, wie ich zugeben muss, werden Sie mir alle zweifelsohne zustimmen, dass wir als Jury nicht mehr in der Lage sind, irgendein Urteil zu fällen. Das stimmt doch, Herr Vorsitzender?

SANDERS *nachdenklich und betreten* Nun, Sir …

KINGSLEY Wie's scheint, herrscht jetzt eine gewisse Stimmung gegen Taylors Verurteilung. Wir haben also keinen Grund und auch keine Möglichkeit mehr, diese Verantwortung wahrzunehmen. Dazu sind wir rechtlich gar nicht befugt.

SANDERS *immer noch sehr verlegen, aber außerstande, sein Wissen zurückzuhalten* Das stimmt, Sir … Propter delictum, wie es im Gesetz heißt. Nach allem, was passiert ist … hm, hm … ist Mr Smiths Rolle als Geschworener mehr als zweifelhaft.

MISS MEAD Schämen Sie sich nicht, so etwas zu sagen?

FOSTER Wen interessieren irgendwelche lateinischen Klauseln und Paragraphen von alten Schwachköpfen mehr als die Gedanken von Menschen aus Fleisch und Blut?

KINGSLEY Wir müssten natürlich die wahren Gründe für unseren Rücktritt vor Seiner Ehren verschweigen. Ich gehe davon aus, wir alle sind bestrebt, Mr Smiths Geheimnis für uns zu behalten.

SCOTT Ein süßes Geheimnis unter uns Zwölfen.

MISS CADELL Seien Sie still, das ist nicht lustig.

SCOTT  Hat es Sie auch erwischt? O holde Maria Magdalena, wie schade, dass Sie einen Bob tragen. So werden Ihre Haare wohl kaum bis zu seinen Füßen herab reichen.

SMITH  *wendet sich an Kingsley, leise aber sehr entschlossen* Glauben Sie, ich hätte nach dreißig Jahren mein Schweigen gebrochen, nur um mitanzusehen, wie eine andere Jury Taylor doch noch an den Galgen schickt? Meine Frau kennt mein Geheimnis nicht, ebenso wenig meine Kinder. Es hätte mir keine Gewissensqualen bereitet, es mit ins Grab zu nehmen. Ich hatte keine Freude daran, Ihnen das alles zu erzählen, ich habe es gehasst. Während all der Verhandlungstage habe ich versucht, mich herauszuwinden, mir einzureden, dass mich das alles nichts angeht. Ich habe mich an meinen Seelenfrieden geklammert, den festen Boden, den ich zuletzt gewonnen hatte. Ich wollte ihn nicht preisgeben, aber nach und nach musste ich es tun. Ich habe das nicht getan, um Ihnen, wie Sie es nennen, eine Geschichte zu erzählen, sondern um einen unschuldigen Mann zu retten.

KINGSLEY  Wir respektieren Ihre Gefühle, Mr Smith. Aber Sie wollen uns doch sicher nicht dazu anstiften, gegen das Gesetz zu handeln.

FOSTER  Zum Teufel mit dem Gesetz.

SMITH  Ich weiß, dass es von Gesetzes wegen richtig wäre, diese Jury aufzulösen, von Gesetzes wegen richtig, sie durch eine andere zu ersetzen, die Taylor dann an den Galgen brächte. Aber es gibt Momente im Leben eines Menschen, wo er über sich hinauswachsen muss. Wir sind zwölf Fremde, durch eine Laune des Schicksals aus Tausenden zufällig ausgewählt. Wir mögen nicht die kleinste Gemeinsamkeit haben, sind aber durch das, was in diesem Raum geschehen ist, miteinander verbunden zu einer menschlichen Einheit, die eine Aufgabe zu erfüllen hat.

MISS MEAD Wir können uns dem nicht entziehen, wir stecken mit drin, wir alle.

SMITH *fährt fort* Es gibt nur diese eine Jury auf der ganzen Welt, die Taylor retten kann. Ich bin kein frommer Mann, ich weiß nicht, ob Gott oder die Vorsehung mich an diesen Ort geführt hat. *Sehr nüchtern* Ich habe es gehasst. Ich mag es nicht, mit anderen zu streiten, ich will nicht anders sein als sie. Aber die Frage, was ich will oder nicht will, hat sich nicht gestellt. Ich musste aufstehen und Dinge sagen, an die ich noch vor ein paar Tagen nicht im Traum gedacht hätte.

DUNN Es grenzt an ein Wunder. Sie haben es geschafft, Sie haben ihn gerettet.

COOK Aber wir müssen korrekt vorgehen.

SMITH Nein, müssen wir nicht. Menschen springen von Brücken oder rennen in brennende Häuser, um Kinder oder Frauen zu retten, deren Namen sie noch nie gehört haben. Stille, ehrenwerte Menschen, die nur einen Augenblick zuvor gemütlich mit der Zeitung unterm Arm von der Arbeit nach Hause geschlendert sind. Wir verändern uns von einem Moment zum nächsten. Wir werfen unsere Ängste und unsere Scham über Bord, wir drehen uns nicht um, um zu sehen, was andere darüber denken. *Eindringlich* Wir können Taylor retten. Sollen wir jetzt, da wir so weit gekommen sind, aufgeben, nur weil Mord vielleicht der korrekte Begriff ist und Barmherzigkeit nicht im Gesetz steht?

SCOTT Sie stiften zwölf ehrbare Bürgerinnen und Bürger an, die Gesetze ihres Landes zu brechen?

FOSTER Sie haben so viele grässliche Dinge getan, auf die Sie stolz sind, warum zur Abwechslung nicht mal etwas Anständiges tun und sich dafür schämen?

MISS MEAD Es kommt auf unser Gewissen an, nicht auf Gesetzestexte. Auch wenn die Jury Taylor freispricht, wird er zum Tode verurteilt sein, und wie wir es auch drehen und wenden, tragen wir dabei die gleiche Verantwortung, als hätten wir ihn schuldig gesprochen.

KINGSLEY Nun gut, Mr Smith. Sie haben gewonnen. Ich will nicht weiter auf diesem Punkt herumreiten.

SMITH Danke.

*Es herrscht ein Moment der Stille, wie bei einem Boxkampf, dessen erste Runde vorüber ist. Die meisten Geschworenen haben sich jetzt wieder hingesetzt.*

MISS CADELL *nähert sich dem Stuhl neben Bradley, der sie zum ersten Mal nicht wahrnimmt, sondern weiter auf Smith achtet. Verwundert sagt sie:* Ist hier noch frei?

BRADLEY *ohne sie zu beachten, mechanisch* Natürlich.

*Kingsley steht hinter seinem Stuhl.*

SANDERS Gut, wenn das der Fall ist, sollten wir vielleicht zum Urteil kommen.

KINGSLEY Warten Sie noch einen Moment. Ich zerstöre nur ungern den Zauber des Augenblicks, aber ich bin ganz und gar nicht von Taylors Unschuld überzeugt. Smith ist nicht Taylor, und Taylor ist nicht Smith, auch wenn die Fälle frappierende Ähnlichkeiten aufweisen. Zum Beispiel scheinen Mrs Taylor und … Ihre ver-

storbene Frau … beide der klassische Typ Gold Dig-
ger* gewesen zu sein.

FOSTER *mit deutlicher Anspielung auf Miss Cadell* Es
gibt diesen speziellen Typ rothaariger Schönheiten,
denen man ein Schild umhängen sollte: »Nicht füttern
– Tier ist gefährlich«.

*Miss Cadell ist verärgert über die Beleidigung, weiß aber
nicht, wie sie reagieren soll.*

MISS MEAD *schaltet sich schnell ein* Ich halte nichts von
solchen Verallgemeinerungen, die zwangsläufig falsch
sind.

*Miss Cadell schaut sie dankbar an.*

FOSTER *wendet sich rasch an Kingsley* Und dass es in
beiden Fällen einen mysteriösen Mann gibt, ist eine
weitere amüsante Parallele. – Graue Autos und rothaarige Damen scheinen ein klassisches Farbschema
zu bilden. Finden Sie nicht auch?

KINGSLEY Genau genommen, Mr Foster, *dreht sich zu
Smith* ist es ziemlich unnötig, alle einander ähnelnden
Motive aufzuzählen. Die Gefühle und Umstände, die
zum Mord, oder sagen wir besser: zur Katastrophe geführt haben, unterscheiden sich nur geringfügig, auch
wenn wir keine Indizien dafür haben, dass Taylors
Liebe etwas anderes war als krankhafte, brutale Be-
sessenheit, die sich immer an der Grenze zur Gewalt
bewegt. Aber die wesentlichen Unterschiede zwischen
den beiden Fällen zeigen sich im Moment der Ka-

---

* In den 1910er Jahren aufkommende abfällige Bezeichnung für
Frauen, die um des Geldes oder Status' willen Beziehungen ein-
gehen.

tastrophe. Während Mr Smith die Gefahr zweifellos nicht vorhersehen konnte – ein offenes Fenster hätte in solch einer aufgewühlten Situation jeder übersehen können –, liegt Taylors Fall komplett anders. Eine steile Klippe, hundert Meter über dem Meer, ist kein Fenster mit Geranientöpfen. Jeder, der seine Frau auf diese Klippe mitnimmt, hätte gewusst, wie gefährlich das ist. Jeder, der seine Frau an einem Gürtel über einem Abgrund hält, weiß, was für ein enormes Risiko das birgt. Einem solchen kleinen Experiment hat Mr Smith seine Frau meines Wissens nicht ausgesetzt. Und während er gute Gründe für seine Wut hatte, als er die Perlenkette sah, hat Taylor eben nicht plötzlich etwas entdeckt, das ihn für seine Umgebung hätte blind machen können. Und zu guter Letzt hat sich Mr Smith, soviel ich weiß, auch nicht umgedreht und brüllend aufgelacht oder gar zynische Bemerkungen gemacht, wie: »Ladies first.«

SCOTT All Ihre Parallelen, Mr Smith, mögen sich im Unendlichen treffen und überzeugen vielleicht das Jüngste Gericht. Ich fürchte nur, wir sind Sterbliche.

MRS THORNTON *verzweifelt* Mir dreht sich alles im Kopf. Ich fühle mich, als hätte man mich auf einem Schaukelpferd fixiert, das auf einem Karussell steht und sich endlos dreht und dreht und dreht.

COOK Der Blick auf die Situation ändert sich tatsächlich in atemberaubender Geschwindigkeit.

KINGSLEY Aus Mr Smiths Sicht ist es nur allzu verständlich, dass sein Fall und der von Taylor wie ein und derselbe anmuten, und im Lichte dieser scheinbaren Übereinstimmung biegt er sich zwangsläufig alles zurecht. Aber wir müssen uns von dieser irrigen Auffassung freimachen. Wenn ich Ihnen eine überzeugende Geschichte erzählen würde, wie ich meine

Frau unter ganz ähnlichen Umständen umgebracht hätte, so würde das Taylors Schuld ebenso wenig beweisen, wie Mr Smiths Geschichte Taylors Unschuld beweist.

*Zustimmung von Scott, Mrs Thornton, Johnson und Sanders. Während Kingsleys Ausführungen hat Smith anfänglich Zeichen der Ermüdung gezeigt, jetzt nimmt er den Kampf wieder auf.*

SMITH Sie sind ein sehr reicher Mann, Mr Kingsley. Sie mussten nie Ihre Brötchen verdienen. Sie mussten nie Ihr Leben jeden Morgen neu beginnen. Sie wissen nicht, wie das ist und welche schrecklichen Vorzüge diese Art von Liebhaber gegenüber einem solchen Mann besitzt.

FOSTER Es gibt welche, die nicht stehlen oder morden müssen, um etwas zu haben. Sie können es einfach ungestraft kaufen.

KINGSLEY *ignoriert Foster* Nun, Mr Smith, Sprüche aus politischen Sonntagsreden sind unter Ihrem Niveau. Lassen Sie uns nicht wieder mit Mr X anfangen. Glauben Sie mir, der ist eine Kunstfigur.

SMITH Für Taylor und mich war er furchtbar real, wirklicher noch als die Jungs, die hinter unseren Frauen her waren. Gegen die kamen wir an und konnten sie rauswerfen, der andere aber blieb uns stets unerreichbar. Er konnte tun, wovon wir nur träumten. All die Aufmerksamkeiten und Geschenke, für die wir unser Leben gegeben hätten, konnte er einfach so besorgen. All die unzähligen Versuche, ein neues Leben anzufangen, waren zum Scheitern verurteilt, weil da immer Mr X war, auf den sie zurückgreifen konnten. Er war überall. Er saß mit uns am Tisch, schlief mit uns im

Bett, und immer, wenn wir glaubten, ihn zu fassen zu kriegen, verschwand er in seinem Wagen hinter der nächsten Ecke. Für uns war er real genug.

KINGSLEY Nun gut, Mr Smith, das ist nicht so wichtig. Diese Person, oder die Vorstellung von ihr, scheint in beiden Fällen recht ähnlich zu sein. Aber konzentrieren wir uns auf die Unterschiede.

SCOTT Sie sind uns noch einige Erklärungen schuldig, Mr Smith.

KINGSLEY Außer, Sie können uns sagen, was auf dem Kliff wirklich passiert ist, und uns etwas liefern, das überzeugender ist als die Indizien, die wir schon kennen. Ich fürchte, all Ihre Bemühungen waren vergebens.

SMITH Einmal habe ich mit Mary auch so einen Sonntagsspaziergang unternommen. Es war einer dieser Tage, an denen wir uns ausgesprochen hatten, und ich hatte nichts dagegen, dass unser Nachbar Frank uns begleitete. Wir sind über die Felder spaziert, Mary zwischen uns, so wie Mrs Taylor zwischen ihrem Mann und Walker. Es war ein heißer Sommertag. Frank hat die ganze Zeit geredet, genau wie Walker, dasselbe nie enden wollende Geschwafel. »Ich weiß, warum die Mücken hinter dir her sind, sie wissen, was süß ist. Hahaha! Hast du Lust auf Tee? Just tea for two and two for tea. Hohoho!« Er wurde von Minute zu Minute unverschämter und überheblicher. »Dein Mann ist ziemlich sauer. Seine Mutter hat ihn bestimmt mit Essig gestillt. Haha!«

SCOTT *irritiert* Mr Smith, jetzt lassen Sie sich mal nicht von Ihrer Phantasie treiben. Sie sprechen schon wieder über sich selbst, nicht über Taylor.

BRADLEY Unterbrechen Sie ihn nicht.

KINGSLEY Fahren Sie fort, Mr Smith, wir sind noch nicht am entscheidenden Punkt.

SMITH  Dieses alberne Lachen hat ihn verrückt gemacht. Er war still, aber da war eine Art Gespräch in seinem Kopf, das er mit seiner Frau führte: »Würdest du wollen, dass ich wie dieser Typ bin, ein hochnäsiger Clown?« »Warum lächelst du ihn an und lachst über seine dämlichen Witzchen? Durchschaust du ihn nicht?« Er fragte sich andauernd, ob sie ihn nur aufziehen wollte, und als sie stehen blieb … *er hält einen Moment inne* Mrs Taylor, meine ich, und als sie darauf bestand, diese Blume zu pflücken, da hat er sich sogleich darauf gestürzt. Walker war ein Feigling, er würde zurückbleiben.

SCOTT  Na, na, Mr Smith, bleiben Sie bei den Fakten. Es ist höchst unfair, Walker einen Feigling zu nennen. Er war es schließlich, der vor der immensen Gefahr gewarnt hat, die Taylor bloß herunterspielte. Warum sollte der also erpicht darauf gewesen sein, sie zum Kliff hinunterzubegleiten?

SMITH  Weil er die Anwesenheit dieses anderen Kerls nicht länger ertragen konnte. Er hatte die Nase voll von desssen Gerede und Gelächter und Visage, er wollte seine Frau für sich haben und mit niemandem teilen. Er war unendlich glücklich, als er sie den Hang mit hinab nahm, außerhalb von Walkers Reichweite.

KINGSLEY  Soweit möglich, Mr Smith, wenn auch nicht wahrscheinlich, aber wie ging es weiter?

SMITH  *spricht mit immer mehr Elan* Erst war es für beide ein Spiel, dass er ihr über die Klippe half und sie dabei eng an sich drückte, aber für ihn war es mehr. Es war wundervoll für ihn, sie so abhängig von sich zu sehen. Sie musste ihm blind vertrauen, zu ihm aufschauen, sie lachte wie ein kleines Mädchen auf einer Schaukel, sprühend vor Lebensfreude. Vielleicht hatte er sein ganzes Leben auf solch einen Moment reiner

Lebensfreude gewartet. Und dann, als sie sich nach der Blume streckte …

*Er macht eine Pause, als sei er außerstande weiterzu-sprechen. Seine enorme Anspannung ist für alle spürbar. Er ist beim Höhepunkt der Geschichte angelangt, und die Spannung ist zum Zerreißen. Miss Mead, Bradley und Dunn versuchen ihm beizuspringen, Kingsley und Scott ganz im Gegenteil, die anderen sind passiver, aber hoch-konzentriert.*

SCOTT  Es wird immer schwerer zu erklären, was?
DUNN  Was ist dann passiert, Mr Smith?

*Bevor Smith seinen Satz wiederholt, verändert sich der Ausdruck in seinem Gesicht. Er spricht mit absoluter Ge-wissheit, wie jemand, der eine Vision hat, auch wenn er sich unter ihrer Last zu winden scheint.*

SMITH  Und dann, als sie sich nach der Blume streckte, sah er das Stück Papier zwischen ihren Brüsten, das sie am Morgen vor ihm versteckt hatte. Alles in ihm verdunkelte sich. Er hatte vor Glück geschwebt und fand sich jetzt auf einmal ins Tal der Verzweiflung hinabgestoßen. Er war für alles blind, außer für die-sen grässlichen, blendend weißen Zettel. Er musste ihn haben. Er musste die Wahrheit erfahren, bevor sie sie wieder vor ihm verbergen konnte. Er wusste nicht, was er tat. Er löste seinen Griff und wollte das Papier erhaschen. Dann, als sie gestürzt war, stand er wie ver-steinert da. Er konnte keinen Teil seines Körpers mehr bewegen, konnte weder gehen noch schreien. Wäre er imstande gewesen sich zu rühren, so hätte es für ihn nur eine Möglichkeit gegeben: sich ihr hinterher die Klippen hinabzustürzen.

SCOTT  Das hat er nicht getan, Mr Smith.

SMITH  Nein. Er hörte ein Geräusch, drehte sich um und sah Walker, weiß wie ein Laken. Walker traute sich nicht, näherzukommen. Er hatte Angst um sein eigenes kostbares Leben. Und dann plötzlich wurde aus Taylors Starre wilde Wut. *Smith ringt nun selbst mit den Gefühlen, die er beschreibt.* Schmerz und Hass und Verzweiflung, alles ein einziger heißer, erstickender Kloß in seiner Kehle. Dieses vertraute, abstoßende Gesicht begann zu verschwimmen, ganz nah und doch furchtbar weit weg. Und unter dem immer stärker anschwellenden Schmerz schwirrten Walkers dumme Sätze und Witze wie ein Schwarm blutsaugender kleiner Insekten fortwährend durch sein Gehirn. Er brüllte auf wie ein Stier, schrie Walkers bescheuerten Lieblingsspruch: »Ladies first.« Jetzt hätte er den Kerl töten, das Leben aus ihm herausprügeln können, und das wusste Walker. Er gab Fersengeld und rannte um sein Leben, nicht wie ein Mann, sondern wie ein Hase, unter Zuhilfenahme seiner Hände, stolperte, überschlug sich. *Daraufhin* lachte Taylor wie ein Verrückter.

*Die Gewissheit, mit der die Schilderung vorgetragen wurde, hat für einen Moment alle überzeugt.*

DUNN  *drückt aus, was alle denken* So war es.

*In diesem Augenblick sind von draußen das Geräusch von zersplitterndem Glas und aufgeregte Stimmen zu hören. Alle außer Smith, Miss Mead, Kingsley und Bradley springen auf.*

JOHNSON  Klang, als hätte jemand eine Scheibe eingeschlagen.

*Die Geräusche werden lauter.*

SCOTT  Es muss einen Unfall gegeben haben. *Er öffnet das Fenster, lehnt sich hinaus.* Mein Gott!

*Er stürmt zur Tür und hämmert dagegen.*

MISS CADELL  *schreit* Da liegt ein Mann im Hof.

*Der Gerichtsdiener öffnet die Tür.*

FOSTER  Was zum Teufel ist passiert?
GERICHTSDIENER  Der Angeklagte ist aus dem Fenster gesprungen, mitten durch die Scheibe, sie ist in tausend Scherben zersprungen.

*Alle außer denen, die sitzen geblieben sind, eilen zur Tür.*

GERICHTSDIENER  Die Jury darf den Raum nicht verlassen, bis sie ihr Urteil gefällt hat.
JOHNSON  Welches Urteil, Mann, wenn der Angeklagte sich gerade selbst umgebracht hat?
SANDERS  Vielleicht hat er überlebt.
MISS MEAD  Was für eine schreckliche Geschichte.

*Alle rennen, gefolgt vom Gerichtsdiener, hinaus. Nur Smith, Kingsley, Miss Mead und Bradley bleiben am Tisch sitzen. Cook steht am Fenster. Im Raum herrscht angespannte Stille, die es möglich macht, Stimmen und Schreie von draußen zu hören. »Schnell, eine Trage!« und andere undeutliche Geräusche, Schritte etc.*

SMITH  *schwer atmend* Mein Gott, er darf jetzt nicht sterben.

MISS MEAD *genauso* Das wäre zu grausam.

*Wieder Schweigen.*

COOK *am Fenster, in seiner düsteren, nüchternen Art* Zwei Polizisten bringen eine Trage. Die Leute bilden eine Rettungsgasse.

MISS MEAD Wenn wir nur irgendetwas tun könnten, anstatt hilflos hier herumzustehen.

BRADLEY *springt auf und rennt zum Fenster* Mr Smith, er lebt. Sie können ihn vielleicht noch retten. Er versucht zu sprechen … Der Arzt verdeckt die Sicht, aber ich kann Taylors Hand erkennen. Sie ist zu einer Faust geballt. Ich kann sehen, wie sie sich bewegt. Jetzt heben sie die Trage hoch. Er ist ganz ruhig. Er … *Er hält kurz inne. Zeitgleich herrscht auch draußen Stille.*

COOK Die Männer nehmen ihre Hüte ab. Sogar die Polizisten. Einer von ihnen bekreuzigt sich. Der Angeklagte ist offenbar verstorben.

BRADLEY *mit einer Schärfe, die seine Gefühle widerspiegelt* Er ist kein Angeklagter mehr, unter keinen Umständen.

MISS MEAD *aufgebracht zu Kingsley, der bisher noch kein Wort gesagt hat* Hätten wir nicht so lange diskutiert, hätte er gerettet werden können. Die Strapazen waren zu viel für ihn, nach allem, was er durchgemacht hat. Wir haben ihn in den Tod getrieben.

*Schritte und Stimmen kündigen die zurückkehrenden Geschworenen an. Die Tür wird geöffnet, Foster und Scott kommen als Erste herein, gefolgt von den Übrigen, Mrs Thornton, Johnson, Sanders und Dunn, der direkt zur gegenüberliegenden Seite des Raumes geht, sich an den Kamin stellt und keine Notiz davon nimmt, was um ihn*

*herum geschieht. Miss Mead und Kingsley sind ebenfalls*
*aufgestanden. Bradley ist zu dem kleinen Tisch hinten links*
*gegangen, Miss Mead zum Fenster, an dem sie, mit dem*
*Rücken zum Publikum, stehen bleibt.*

SCOTT Er ist tot, Mr Smith. Aber wir kennen jetzt die
Wahrheit. Wissen Sie, was er gesagt hat, bevor er ge-
storben ist? »Ich brauche keinen verdammten Arzt.
Was soll ich weiterleben, wo ich sie hinabgestoßen
habe? Geschah ihr nur recht.«

FOSTER Dann hat er sich noch einmal aufgerichtet und
gesagt: »Ich werde sie in der Hölle wiedersehen.« Da
sind wir nun mit einem Schlag wieder in der Realität
angelangt.

MRS THORNTON Das hat allem eine fürchterliche Wen-
dung gegeben. Man hätte keine Sekunde Mitleid mit
ihm haben dürfen. Ich wusste von Anfang an, was für
eine Art Mensch das war.

JOHNSON *gutmütig* Nun, offenbar ist es sicherer, nach
dem Fernglas zu gehen, als nach dem inneren Auge.

SCOTT Nicht auszudenken, dass dieses Dreckschwein
freigesprochen worden wäre, hätte er nur die Nerven
behalten.

SANDERS Mit Sicherheit wurde auf die Art ein großer
Justizirrtum vermieden.

FOSTER Und unsere Engelsflügel wurden schön wieder
zurechtgestutzt, und mit zerschrammten Hintern finden wir uns auf der guten alten, schmutzigen Erde
wieder.

*Miss Mead hat während des Gesprächs einen Schritt auf*
*den kleinen Tisch zu gemacht. Bradley gesellt sich zu ihr.*
*Kingsley sitzt am Tisch, schreibt und nimmt von den ande-*
*ren keine Notiz.*

BRADLEY Sie stürzen sich wie ein Rudel Wölfe auf ihn, jetzt, da er am Boden liegt.

MISS MEAD Mr Bradley, wenn auch nur einer von denen sich dazu entschließt, auszupacken oder zu tratschen, landet Mr Smith wieder im Gefängnis. Und was sollte sie davon abhalten? Hören Sie doch selbst.

BRADLEY Es ist unerträglich.

SCOTT Es war ein hochinteressantes psychologisches Experiment. Der menschlichen Phantasie sind doch keine Grenzen gesetzt.

SANDERS Nur wird es halt gefährlich, wenn Vorstellungen fälschlicherweise für Tatsachen genommen werden. Nun, da wir alle von der Notwenigkeit, eine Entscheidung zu treffen, befreit sind, können wir, so denke ich, fortfahren.

BRADLEY *geht zu ihnen, wütend* Nein, wir können nicht einfach so weitermachen. Erst muss gewährleistet sein, dass niemand von uns Mr Smith verrät und dass es kein Gerede geben darf in Bezug auf das Geheimnis, in das er uns eingeweiht hat.

SANDERS Ich wollte gerade etwas dazu sagen.

BRADLEY Jeder, der Mr Smith verrät und sein Leben aufs Neue zerstört, wäre niederträchtiger als der übelste Mörder, der je an den Galgen gebracht worden ist.

MRS THORNTON Sie brauchen mich gar nicht anzuschauen, ich gebe keine Geheimnisse preis. Wenn ich alles ausplaudern würde, was ich weiß, käme es in dieser Stadt zur Revolution.

JOHNSON Ich nehme mal an, dieser Raum hier kennt sehr viele Geheimnisse. Wir können ihm ruhig ein weiteres anvertrauen.

BRADLEY Aber verstehen Sie nicht, was auf dem Spiel steht? Wir können es nicht dabei bewenden lassen. Soll ein Mann wie Mr Smith in ständiger Angst leben, mit nichts als einem losen Versprechen, das jederzeit in Vergessenheit geraten kann, was sein Ende bedeuten würde?

SCOTT Sie bemühen eine Dampfwalze, um eine Nuss zu knacken. Niemand von uns hat auch nur die leiseste Absicht, mit den Abendzeitungen in Verbindung zu treten.

FOSTER Wenn sogar für Jesus Christus nur dreißig Silberlinge bezahlt wurden, würde sicher nicht viel dabei rausspringen, Mr Smith anzuschwärzen.

KINGSLEY *steht nun auf* Ich stimme Mr Bradley vollkommen zu. Das Mindeste, was wir tun können, ist, Mr Smith eine gewisse Sicherheit zu gewährleisten. Ich habe eine Art Memorandum vorbereitet. *Liest von seinem Blatt ab.* »Die unterzeichneten Mitglieder der Jury in der Rechtssache Seiner Majestät gegen Taylor verpflichten sich hiermit, die Informationen, die ihnen in ihrer Eigenschaft als Geschworene durch Mr Smith im Vertrauen zugetragen worden sind, strengstens für sich zu behalten und sie mit ausnahmslos niemandem zu teilen, weder mündlich noch schriftlich, und sei es mit Frau, Kindern oder Freunden. Ihren feierlichen Beschluss, besagte Informationen für immer strenger Geheimhaltung zu unterwerfen, bezeugen sie im Folgenden durch ihre Unterschriften.« *Beiläufig* Ich denke, damit ist alles abgedeckt. Finden Sie nicht auch, Mr Sanders? Wenn Sie alle einverstanden sind, werde ich unterschreiben.

*Tut es, reicht seinen Füller an Sanders weiter, der würdevoll seine Unterschrift hinzusetzt.*

SANDERS Das regelt alles in einer höchst zufriedenstellenden Art und Weise. Ich nehme an, Mr Bradley, dass Ihre Sorgen damit aus der Welt geschafft sind. Vielleicht mögen Sie hier unterschreiben.

*Alle versammeln sich um den Tisch, außer Dunn, der noch am Kamin ist.*

SANDERS *mit großer Geste* Mr Cook, wenn ich Sie bitten dürfte? Hier, bitte.

*Cook holt seine Brille hervor und unterschreibt, während Foster ihm über die Schulter blickt.*

FOSTER Heracles Cook. Die Unterschrift macht was her.
SANDERS Mr Foster, bitte.

*Foster ignoriert Kingsleys Füller, nimmt seinen eigenen und unterschreibt.*

SANDERS Mrs Thornton, bitte.

*Sie unterschreibt, nach ihr Johnson und die Übrigen. Miss Cadell geht nach erfolgter Unterschrift zu Bradley.*

SCOTT *unterschreibt* So, bitte sehr.

*Miss Mead unterschreibt schnell und schweigend.*

SANDERS Mr Dunn, Sie haben noch nicht unter-schrieben. Würden Sie bitte herüberkommen?

*Dunn folgt gehorsam und setzt sich an den Tisch.*

SANDERS Vielen Dank, meine Damen und Herren.

*Kingsley nimmt das Blatt und liest es im Stehen. Miss Cadell nähert sich Bradley.*

MISS CADELL Es ist furchtbar, nicht wahr? Ich sehne mich danach, nach Hause zu kommen und das alles zu vergessen. Ich bin so froh, dass es endlich vorbei ist.

*Mit einer plötzlichen Bewegung zieht Bradley Miss Cadells Taschentuch hervor und gibt es ihr zurück.*

BRADLEY *verlegen* Ich habe das hier gefunden. Ich glaube, es gehört Ihnen.

MISS CADELL Ja, aber Sie können es gerne behalten, wenn Sie wollen.

BRADLEY *beinahe ängstlich* Nein, ich denke, es ist besser, Sie nehmen es zurück, bitte.

MISS CADELL *verwirrt und etwas verletzt durch sein unerklärliches Verhalten* Na gut, Sie hätten es ja nicht so lange bei sich haben müssen.

KINGSLEY *geht zu Smith* Machen Sie damit, was Sie wollen, Mr Smith. Ich bin sicher, dass alle verantwortungsvoll mit ihrem Versprechen umgehen werden.

SMITH Danke.

KINGSLEY *in tiefer Aufrichtigkeit* Es war mir eine Ehre, Sie kennenzulernen.

*Er geht nach rechts in Richtung Tür, doch Foster versperrt ihm den Weg.*

FOSTER Es freut mich zu sehen, dass Sie zum Vorkämpfer für das Gute und Gerechte geworden sind.

KINGSLEY Wenn es Ihnen nichts ausmacht, würde ich jetzt gerne meinen Mantel holen.

FOSTER *versperrt ihm weiter den Weg* Irgendwelche dringenden Termine?

*Ohne zu antworten geht Kingsley an Foster vorbei nach rechts ab. Johnson und Mrs Thornton ebenso.*

MRS THORNTON  Sich vorzustellen, dass wir nun wirklich nach Hause gehen.

JOHNSON  Was für eine Wohltat; man muss für die kleinen Dinge dankbar sein.

*Bradley geht ebenfalls rechts ab.*

FOSTER *wendet sich an Miss Cadell, die die Unterhaltung zwischen Kingsley und Foster mit angehört hat* Auf einem ziemlich hohen Ross, Ihr Freund Mr X.

MISS CADELL  Lassen Sie mich gehen.

FOSTER  Nicht, ehe Sie mir sagen, wann Sie mich im Three Crowns treffen.

*Miss Cadell schlägt ihm ins Gesicht, was ihn entgeistert zurücklässt. Sanders, Scott und Cook haben die Szene beobachtet und kommen hinzu.*

SANDERS  Na, na, was ist denn hier los?

*Ehe Foster sich von seinem Schock erholt hat, hält Scott für Miss Cadell die Tür auf.*

SCOTT  Ladies first.

MISS CADELL *halb lachend, halb hysterisch* Bloß nicht. Das wird mich noch den Rest meines Lebens verfolgen.

*Das wird schon halb auf der Hinterbühne gesprochen. Sanders folgt ihnen hinaus.*

COOK *zu Foster, der nicht zu wissen scheint, was er tun soll* Diese verstörenden Ereignisse machen es einem schwer, das Gleichgewicht zu wahren. Frauen, so sie denn eines haben, sind jedenfalls leicht daraus zu bringen.

FOSTER *berappelt sich etwas* Frauen, allerdings.

COOK *traurig* Es gibt wenig, was Sie mir über sie sagen könnten, was ich aus Berufserfahrung nicht schon wüsste.

*Beide gehen rechts ab. Jetzt ist der Raum sehr still. Man hört die Stimmen der Personen, die sich an der Garderobe ankleiden. Smith sitzt immer noch regungslos da.*

MISS MEAD *geht vom Fenster zu Smith, sehr schüchtern und aufgewühlt* Mr Smith, ich kann nicht gehen, ohne Ihnen zu sagen, was Sie für mich getan haben. Sie dürfen nicht denken, alles sei vergebens und sinnlos gewesen. *Immer schüchterner und schneller fortfahrend.* Mein Leben war nie sonderlich glücklich oder aufregend, aber es wird nie mehr so öde und gewöhnlich sein, nach dem, was hier passiert ist ... Von nun an wird es immer lebenswert sein.

*Bevor Smith antworten kann, geht sie schnell nach rechts ab. Er wähnt sich allein. Seine Gefühle stehen ihm ins Gesicht geschrieben.*

JOHNSON *tritt ein, geht zu dem Stuhl, über dem seit dem zweiten Akt sein Mantel hängt, schnappt ihn sich* Ich wusste doch, das verdammte Ding muss hier irgendwo sein. Wollen Sie nicht mitkommen, Mr Dunn?

*Ohne auf eine Antwort zu warten, geht Johnson schnell rechts ab.*

DUNN *der auf diesen bestimmten Moment gewartet hat, kommt vom Tisch herüber zu Smith, blickt sich um, als stehe er im Begriff, ein Geheimnis zu lüften, fragt dann aufgeregt flüsternd* Ich komme nicht darüber hinweg, Mr Smith. Ich habe sein Gesicht gesehen. Es war hassverzerrt. Es war das Gesicht eines Mörders. Und … Mr Smith … wenn er es tun konnte, sie lieben und dann ermorden … bitte sagen Sie es mir, ich verrat's auch nicht, ich schwöre es, aber ich muss es einfach wissen. Haben Sie es auch getan?

SMITH *versteht nicht, was gemeint ist* Was getan?

DUNN *todunglücklich* Ihre Frau mit Absicht geschubst …

*Smith ist völlig verdattert.*

DUNN *ängstlich* Bitte, seien Sie nicht böse. Ich musste Sie einfach fragen. Ich bin so verwirrt.

SMITH *legt seine Hand auf Dunns Schulter, tröstet ihn, als wäre er ein Kind* Nein, ich habe sie nicht umgebracht, Mr Dunn. Sie müssen sich darum keine Gedanken mehr machen.

DUNN Gott sei Dank. Wenigstens das. *Sehr naiv.* Sie sind mir nicht böse, oder? Ich war mir so sicher, dass er unschuldig war, aber dann …

*Er ist zu aufgewühlt, um weiterzusprechen.*

SMITH Wir hatten beide Träume, Mr Dunn, und wir wachen nur ungern wieder auf. Es ist nicht so einfach, wie wir dachten. Das Leben ist keine Traumlandschaft mit geraden weißen Straßen, die liebliche

Orte miteinander verbinden, und wo du glücklich von dem einen zum anderen gehst und deine Briefe austrägst. Und gerade einige der wichtigsten, so fürchte ich, gehen verloren. Es ist keine Welt für Postboten, mein lieber Mr Dunn.

*In diesem Moment kommen Mrs Thornton, Sanders und Johnson in Mänteln und mit Hüten zurück, sie sehen leicht verändert und fremd aus.*

JOHNSON Ich kann nicht glauben, dass wir jetzt wirklich gehen.

MRS THORNTON Ich auch nicht ... Ich warte immer darauf, dass jemand kommt und sagt, wir müssten noch dableiben. *Als der Gerichtsdiener von links kommt* Und, was habe ich gesagt?

GERICHTSDIENER Herr Vorsitzender, Seine Ehren möchte, dass die Jury in den Gerichtssaal zurückkehrt, um ordnungsgemäß entlassen zu werden.

SANDERS Alles klar, wir werden nicht lange brauchen. *Geht wieder zur rechten Tür, ruft alle herein.* Meine Damen und Herren, bitte!

*Dunn ist hinausgegangen, die anderen kommen zurück, alle in Mänteln und mit Hüten.*

BRADLEY *geht zu Smith, mit dessen Mantel und Hut* Ihre Sachen, Mr Smith. *Fürsorglich und etwas verlegen.* Ich denke, Sie sollten Ihren Mantel anziehen – es ist doch etwas frisch geworden.

SMITH Danke.

*Bradley ist ihm behilflich. Kingsley und Miss Cadell kehren zurück. Kingsley, überaus elegant gekleidet, hebt sich mehr denn je von den anderen ab. Miss Cadell sieht auch äußerst elegant aus, pudert ihr Gesicht am Kaminsims, genau wie im ersten Akt. Foster lungert irgendwo in der Nähe herum, beobachtet sie.*

KINGSLEY *halb zu Miss Cadell, halb zu Foster* Für mich ist es eine interessante neue Erfahrung, immer einen wachsamen Blick auf mir zu spüren.

MISS CADELL Nun, ich bin es so ziemlich gewohnt.

KINGSLEY Ich glaube nicht, dass ich mich daran gewöhnen könnte. Ich würde lernen, ihm zu entwischen.

MISS CADELL *scherzend* Mr X hat es gelernt, oder nicht?

COOK *zu Foster* Es ist traurig, wenn man sich bewusst macht, dass das unsere letzte Begegnung sein soll.

FOSTER Wollen Sie mich nicht morgen um acht im Three Crowns treffen?

COOK Sir?

MISS CADELL *geht zu Scott* Nun, Mr Scott?

SCOTT *nimmt ihren Arm* Sollen wir die Trauzeugen sein?

*Sie gehen zu zweit raus, die anderen folgen ihnen: Mrs Thornton und Dunn, Foster und Cook, Miss Mead und Sanders, Kingsley und Johnson, Smith und Bradley.*

MRS THORNTON *schaut sich noch einmal um* Von diesem Raum werde ich noch mein ganzes Leben lang träumen.

SANDERS Man gewöhnt sich an Orte. Ich denke, ich werde ihn vermissen.

*Alle brechen auf.*

*Langsam senkt sich der Vorhang.*

# DIE GESCHWORENEN

MR SMITH ist ein Mann um die fünfzig, durchschnittlich groß, eher dünn. Sein Haar ist von einem undefinierbaren Graubraun, sein Gesicht schmal und etwas faltig, seine Kleidung unaufdringlich, sein Verhalten unauffällig. Alles in allem ein komplett unscheinbarer Typ. Niemand würde ihn eines zweiten Blickes würdigen.

MR ALLISTER SCOTT ist ein großer, gutaussehender Mann um die dreißig. Er ist gut gekleidet, vielleicht sogar ein kleines bisschen overdressed. Er gibt sich selbstbewusst, ist auf seine Art beherrscht und effizient, mit gelegentlichen Anzeichen von Aggressivität. Offensichtlich fällt es ihm leicht, mit seinen Mitmenschen auszukommen und die meisten Frauen zu beeindrucken.

MISS KATHERINE MEAD ist eine Dame zwischen 35 und 40. Sie ist leicht überdurchschnittlich groß und trägt recht geschmackvoll ausgewählte Kleidung. Sie hat eine würdevolle Haltung, die jedoch nicht darüber hinwegtäuschen kann, dass ihre schlanke Erscheinung in zehn Jahren eher dürr und knochig wirken wird. Ihr Gesicht hat alle jugendliche Schönheit verloren, aber sowohl ihre Ausstrahlung als auch ihre etwas rastlose und übertriebene Gestik zeigen, dass sie sich nicht normal entwickeln konnte und ihr das Dasein einer alten Jungfer aufgezwungen wurde, das sie ebenso langweilt, wie es ihr zuwider ist.

MR EDWARD WILLIAM SANDERS ist der Juryvorsitzende und ist sich sowohl der Würde seines Amtes als auch des gebührenden Gesichts, das er dafür aufsetzt, sehr bewusst. Seine oberlehrerhafte Art legt er kaum jemals ab: Nichts macht ihn so glücklich, wie anderen sein Wissen zu vermitteln, oder besser, sie dank seines überragenden Wissensschatzes bei Fehlern zu korrigieren. Er ist leicht überdurchschnittlich groß, so präzise in Sprache und Gesten, dass es an Pedanterie grenzt. Aber er hat eine gute Seele und ist freundlich, solange seine Überlegenheit anerkannt wird.

MRS DOROTHY THORNTON ist eine stämmige kleine Frau zwischen 50 und 55, mit rosigen Wangen. Sie hat ein schlichtes, aber liebenswürdiges Gesicht, ist freundlich und gesprächig, beinahe redselig. Sie trägt offenbar ihre beste Kleidung und lässt sich von ihrer Umgebung und den anderen Geschworenen kein bisschen einschüchtern oder in Verlegenheit bringen.

MR ADAM DUNN ist ein kleiner bescheidener Mann, der von seiner Umgebung und zumindest einigen anderen Geschworenen ganz offensichtlich eingeschüchtert ist. Er fühlt sich in seinem schlechtsitzenden Sonntagsanzug eindeutig unwohl; in seiner Postuniform würde er sich etwas sicherer fühlen. Dennoch ist er immer hilfsbereit; und es liegt etwas Berührendes bzw. Anziehendes in seiner Schlichtheit und seiner Sorge, auch ja alles zu verstehen.

MR JAMES BRADLEY ist ein schlaksiger junger Mann zwischen 24 und 25, aber nicht ganz so groß wie Scott. Er ist sehr gehemmt und schüchtern und mag es nicht, die Aufmerksamkeit auf sich zu ziehen. Er hat ein angenehmes, wenn auch weder markantes noch attraktives Gesicht. Er ist auf seine Art nervös, und wenn er aufgeregt ist, äußert sich das in einem leichten Stottern.

MR CHARLES JOHNSON ist ein Berg von einem Mann. Er ist zwischen 40 und 45, sehr groß und sehr kräftig. Er hat ein rotes, kindliches Gesicht, das gute Laune ausstrahlt. Seine Größe lässt ihn eher albern wirken. Er redet laut und inbrünstig und lacht schallend.

MISS MAGDALENE CADELL ist eine auffallend schöne junge Frau von 22 oder 23 Jahren. Sie hat rote, perfekt frisierte Haare, ihre Kleidung ist mit professioneller Sorgfalt zusammengestellt und betont ihre hübsche Figur. Sie geht und bewegt sich mit der erlernten Anmut eines Mannequins und redet ziemlich schnell, mit einem überkultivierten Akzent und im vollen Bewusstsein um die Wirkung ihrer Erscheinung.

MR FOSTER ist eine eher kleine, gewöhnliche Person um die 35. Sein Gesicht ist flach und ausdruckslos, seine Gestik etwas eigentümlich. Seine Kleidung, obwohl gut geschnitten, sitzt locker und nachlässig. Sein Verhalten signalisiert eine gewisse Herablassung, seinen Mitgeschworenen und, mehr noch, seinen Mitmenschen gegenüber. Doch seine Augen sind wach und durchdringend, wenn sie nicht gerade hinter müden Lidern verborgen sind.

MR HERACLES COOK ist ein finsterer, adretter Mann mittleren Alters. Er spricht und verhält sich schwermütig und prätentiös. Trotz der Hitze trägt er festliche, dunkle Kleidung und einen ziemlich hohen Kragen. Wo immer er ist, verbreitet er Trauerstimmung.

MR KINGSLEY ist ein eleganter, großer, mittelalter Gentleman. Sein Gesicht und Gebaren sind tadellos. Er hat einen kleinen, gut getrimmten Bart. Anders als Scott vermittelt er auf den ersten Blick nicht den Eindruck, gut gekleidet zu sein, aber dafür ist seine Kleidung offensichtlich weitaus teurer gewesen als die von Scott. Seine grauen Haare sind sehr sorgfältig gekämmt, jedes Detail seiner Erscheinung ist perfekt. Erkennbar strahlt er Wichtigkeit, Reichtum und Autorität aus, sowohl in seinen Gesten als auch in seiner Sprache. Er hält sich etwas abseits der anderen Geschworenen.

END OF A TRIAL.

_____

(A Play in Three Acts)

By: ANNA REINER.

## ANNA GMEYNER

Anna Gmeyner wurde 1902 in Wien geboren. Sie stammte aus einer liberalen jüdischen Familie. Studium in Wien. 1925 heiratete sie den Physiologen Berthold P. Wiesner, brachte im selben Jahr eine gemeinsame Tochter zur Welt und ging nach Berlin. 1926 zog sie mit ihrem Mann nach Schottland. Nach ihrer Scheidung kehrte sie 1930 nach Berlin, später nach Wien zurück und arbeitete u. a. als Dramaturgin bei Erwin Piscator. Ihre in dieser Zeit entstandenen Lieder und Balladen wurden u. a. von Hanns Eisler und Herbert Rappaport vertont. Als die Nationalsozialisten im Januar 1933 die Macht übernahmen, hielt sich Gmeyner in Paris auf, wo sie an den Drehbüchern mehrerer Filmprojekte von Georg Wilhelm Pabst arbeitete. Sie kehrte nicht nach Deutschland zurück, und noch 1933 wurde ihr Werk dort verboten. Ihr Stück *Automatenbüffet*, das beim Kleistpreis 1932 eine »lobende Erwähnung« erhalten hatte, wurde 1933 am Schauspielhaus Zürich mit Therese Giehse in der Hauptrolle für lange Zeit letztmals aufgeführt, und 1938 veröffentlichte der renommierte Querido Verlag in Amsterdam ihren Roman *Manja*. Ihr zweiter Roman *Café du Dôme* konnte nach dem Einmarsch der Deutschen in den Niederlanden nicht mehr bei Querido erscheinen; das Original-Typoskript gilt als verschollen. Gmeyner zog 1935 von Paris nach London und heiratete dort den russischstämmigen Religionsphilosophen Jascha Morduch. Von 1940 bis 1950 lebte sie mit ihrem zweiten Mann zurückgezogen in Berkshire. Nach dessen Tod 1950 veröffentlichte sie unter dem Namen Anna Morduch noch mehrere Bücher in englischer Sprache (u. a. Biographien, religiöse Erzählungen und Lyrik). Zuletzt lebte sie im englischen York, wo sie 1991 starb.

Theaterstücke

*Heer ohne Helden,* Uraufführung: ›Neue Freie Bühne‹
im Trianontheater, Dresden, 27.10.1929. Zweit-
inszenierung: ›Theater der Arbeiter‹ am Wallner-
Theater, Berlin, 26.1.1930, Regie: Slatan Dudow
*Zehn am Fließband,* Uraufführung: Agitprop-Truppe
›Kolonne Links‹ (Berlin) / Internationales Theater der
Arbeiter, Magnitogorsk (Russland), 10.7.1932
*Automatenbüfett,* Uraufführung: Kammerspiele des
Thalia-Theater, Hamburg, 25.10.1932, Regie: Hans
Stiebner. Zweitinszenierung: ›Theater der Schau-
spieler‹ im Theater am Schiffbauerdamm, Berlin,
25.12.1932, Regie: Moritz Seeler. Schweizer Erstauf-
führung (unter dem Titel *Im Trüben fischen*): Schau-
spielhaus Zürich, 12.9.1933, Regie: Leopold Lindtberg.
Österreichische Erstaufführung: Theater in der Josef-
stadt, Wien, 20.5.2004, Regie: Hans-Ulrich Becker
*Welt überfüllt,* Uraufführung: Theater Oberhausen,
30.9.2022, Regie: Thomas Ladwig
*Ende einer Verhandlung,* Uraufführung: Meininger
Staatstheater, 27.9.2024, Regie: Frank Behnke

Anna Gmeyner
Automatenbüfett / Welt überfüllt
Theaterstücke
256 S. Br. 15 €.
ISBN 978-3-88661-411-0

*Automatenbüfett*, im Oktober 1932 am Hamburger Tha-
lia Theater uraufgeführt, ist Gmeyners erfolgreichstes
Stück: Ein Automatenbüfett ist der letzte Schrei in der
Kleinstadt zur Zeit des sozialen Umbruchs in den »Gol-
denen« Zwanzigern. Es zieht einen Schwarm von när-
rischen und gierigen, versponnenen und gemeinen,
idealistischen und eigennützigen, erfolgreichen und »ab-
gebauten« Bürgern vom Apotheker bis zum Stadtrat an,
die in der Wirtsstube und dem angrenzenden Vereins-
raum aufeinandertreffen.

*Welt überfüllt*, ein hier erstmals veröffentlichtes Stück
aus dem Nachlass, beginnt als Kriminalgeschichte, die
sich jedoch kaleidoskopartig zu einem Gesellschafts-
panorama weitet. Vor dem Hintergrund eines organisier-
ten Diebstahls entspinnt sich eine Großstadtgeschichte
um Arbeitslosigkeit und Liebe, Existenzängste und
Glücksverheißungen. Mit großer Beobachtungsgabe
und Empathie zeichnet Gmeyner das Porträt einer
»überfüllten« Welt der kleinen Leute, die sich im Wan-
del befindet und in der alle irgendwie ihren Platz zu finden hoffen.